# MÁXIMA

*Una Historia Real*

Fotografías: GABRIEL PIKO

GONZALO ÁLVAREZ GUERRERO
SOLEDAD FERRARI

# MÁXIMA

## Una Historia Real

EDITORIAL SUDAMERICANA
BUENOS AIRES

Alvarez Guerrero, Gonzalo
Máxima / Gonzalo Alvarez Guerrero y Soledad
Ferrari. - 1ª ed. - Buenos Aires : Sudamericana, 2009.
288 p. ; 23x16 cm. - (Biografías y testimonios)

ISBN 978-950-07-3044-0

1. Maxima Zorreguieta.Biografia. I. Ferrari, Soledad
CDD 923

IMPRESO EN LA ARGENTINA

*Queda hecho el depósito*
*que previene la ley 11.723.*
© *2009, Editorial Sudamericana S.A.*®
*Humberto I 531, Buenos Aires.*

www.rhm.com.ar

ISBN 978-950-07-3044-0

# ÍNDICE

*¿Ambitions? Too many to explain.*
*¿Saying? No hay espinas sin rosas, no hay rosas sin espinas.*

MÁXIMA ZORREGUIETA
Anuario del colegio Northlands, 1988

# *Prefacio*

Había una vez una bella niñita, rubia y cachetona, de ojos vivaces, que festejaba revoleando una pequeña bandera argentina de nylon. ¿Qué festejaba esa niñita? Argentina, su país, había ganado el Mundial de Fútbol 78. Iba, revoleando eufórica su banderita, subida a la caja de una camioneta, junto a sus primos. No podemos recordar bien a quién pertenecía esa camioneta... Tal vez a su tío Bochín, capataz de un campo en Urquiza; tal vez al tío Jorgito, médico veterinario. Estamos seguros de que no era de su padre, Jorge *Coqui* Zorreguieta, que por entonces manejaba una Fiat 1500 rural. Sí recordamos qué era lo que cantaba esa niñita: "El que no salta es holandés, el que no salta es holandés". Y la camioneta se zarandeaba con los saltos de los chicos mientras avanzaba a paso de hombre por la calle Florida, en caravana, rumbo a la plaza central de Pergamino, la pujante ciudad bonaerense donde vivía la familia materna de la feliz rubiecita. En Pergamino, como en todos los pueblos y todas las ciudades del país, la gente cantaba ese canto tribunero: "El que no salta es holandés, el que no salta es holandés". Lo había inventado un par de horas antes la hinchada argentina, en el suplementario del partido final, después de que Daniel Bertoni marcara el definitivo 3 a 1 contra Holanda, y las sesenta mil almas que llenaban el estadio Monumental, incluido el general Jorge Rafael Videla en su palco de presidente de facto, saltaban y cantaban eufóricas, como aquella niña en Pergamino: "El que no salta es holandés, el que no salta es holandés".

Pasaron veinticuatro años, hasta que un invernal sábado de 2002, bien lejos de esa patria, aquella niñita, ya crecida, se hizo princesa. Vaya paradoja: su príncipe azul será algún día el rey de Holanda. Willem Alexander Claus George Ferdinand, príncipe de Orange, príncipe de los Países Bajos, príncipe de Orange-Nassau, Jonkheer van Amsberg, tenía once años cuando el seleccionado holandés perdió esa final y él lloró frente al televisor.

Llantos… En este libro encontrará otros llantos, muchas lágrimas. Lágrimas de Máxima, que fluyeron sin contención el día de su boda. Lágrimas de su abuela Carmenza, el día que supo que su hija vivía con un señor "casado". Lágrimas de su ex novio, Dieter, cuando Máxima lo dejó, enamorada de Willem Alexander. Lágrimas de su madre, María Pame, el día que supo que no podría asistir al casamiento de Máxima. Lágrimas de su padre, Coqui, cuando escuchó "Adiós, Nonino", el tango que ella eligió como código secreto para honrarlo aquel 2 de febrero de 2002 en el Beurs van Berlage de Ámsterdam.

Pero también encontrará muchas sonrisas. Toda una especialidad de la princesa. Su sonrisa es la más famosa de Holanda.

Máxima es allí la mujer más popular, incluso es más popular que la mismísima reina. Y eso se debe en buena medida a esa frescura natural que no lleva en sus genes ningún otro integrante de la realeza europea. Su ecuación es casi perfecta: frescura, jamás vulgaridad; glamour, nunca frivolidad; gracia, jamás torpeza; desenvoltura, nunca insolencia. En definitiva: Máxima encontró la fórmula para explotar su espontaneidad justo hasta ese límite donde el protocolo lo permite.

Eso no se aprende en ninguna escuela. En todo caso, es la consecuencia de su vida. En el Northlands, el costoso colegio adonde sus padres la mandaron a fuerza de ajetreos económicos inauditos, le brindaron una educación globalizada y le dieron un sentido de pertenencia a la elite porteña que la hace sentir cómoda incluso dentro de palacios que no imaginó siquiera pisar. De la madre heredó la belleza, del padre la innata capacidad de seducción y de ambos el deseo congénito de ascender socialmente. Los fines de semana en Pergamino le aportaron esa cosa un poco campechana, de niña accesible, que tan bien le sienta; los juegos de lucha en el charco de barro que se formaba en el jardín de su tía Tatila la prepararon de alguna manera extraña para sobrevivir a las conjuras palaciegas. Porque Máxima demostró también ser muy astuta, condición indispensable para resistir a esas complicadas tramas que se multiplican desde la Edad Media incluso entre las mejores familias reales del mundo. Pesadas maquinarias que llevaron a la bulimia a Sarah Ferguson, a la inestabilidad a Lady Di, a la anorexia a Victoria de Suecia, a la rebeldía obtusa a Stephanie de Mónaco, a la depresión severa a la princesa

Masako de Japón, a la renuncia y huida al príncipe Friso de Holanda.

Las raíces eran fuertes: frescura, glamour, gracia, desenvoltura. Sin embargo, ni siquiera con eso alcanza. A una princesa se la construye, se la prepara. No es nada fácil, por supuesto. Se trata de un programa riguroso, exacto, detallista, por momentos extenuante. La protagonista: Máxima Zorreguieta. La ideóloga y tutora: la reina Beatrix. El objetivo: asfaltar su camino hacia el trono de Holanda.

Había que sacar a relucir sus virtudes y esconder su pasado, o mejor dicho: esconder el pasado de su padre e inventarle un nuevo pasado a la hija. Los medios más vinculados a la Corona lanzaron a correr el mito de la chica rica de la aristocracia argentina que había conquistado al príncipe con esas buenas maneras tan típicas de las clases elegantes. Mandaban a sus corresponsales en los Estados Unidos a averiguar cómo había transcurrido su vida de reina del jet set neoyorquino. Y mandaron a sus corresponsales en Buenos Aires a buscar la supuesta mansión de La Lucila donde había vivido una niñez de cuentos y los campos de miles de hectáreas donde había aprendido a montar en alguno de los estupendos de caballos que tenía su padre. Pero no había sido una chica del jet set neoyorquino, sino una simple ejecutiva bancaria. No había tal mansión en La Lucila. No había campos ni grandes manadas de caballos.

Máxima pertenece a una típica familia de clase media argentina. Los Zorreguieta vivieron siempre en un departamento de

120 metros cuadrados, en Barrio Norte, y no tenían estancias propias. Ninguno de los padres es profesional: María Pame ejerció casi toda su vida de ama de casa y Coqui es despachante de aduana, aunque hace mucho que cobra sueldos de lobbysta de los intereses de los grandes productores rurales.

Vaya uno a saber por qué quedó, en Holanda y también en la Argentina, esa sensación: Máxima era una chica de alcurnia y de fortuna. Incluso los genealogistas más reconocidos de Europa le encontraron supuestos lazos con el rey Alfonso III de Portugal y con hidalgos vascos.

Claro está que la verdadera Máxima es mucho más interesante que la Máxima que inventaron las revistas del corazón. Es, además, más fácil enamorarse de ella. De esa plebeya que comía su vianda bajo un roble del jardín del Northlands porque a sus padres no les alcanzaba para pagarle a diario el almuerzo en el comedor escolar. De esa plebeya que fue hija de un importante funcionario de la dictadura y que, de grande y princesa, se reunió en secreto con las Abuelas de Plaza de Mayo para ayudarlas en su búsqueda de nietos robados. De esa plebeya que debió trabajar a destajo para poder financiar su carrera universitaria. De esa plebeya ambiciosa que, como su padre y como soñó su abuela Carmenza, supo rodearse y hacerse amiga de las personas indicadas, y así husmear en una elite social donde la aceptaron a pesar de que los Zorreguieta no eran gente de abolengo ni de dinero. De esa plebeya que se arriesgó a los veinticuatro a una Manhattan salvaje y compleja, viviendo con lo justo en pequeños apartamentos donde comió tantos tallarines que hoy lo recuerda con gracia. De esa plebeya que siempre luchó contra la balanza, un poco desfachatada, mal hablada, divertida, extrovertida, trabajadora, noctámbula, buena amiga de sus amigas, que ama caminar descalza y sentarse a fumar con los ojos cerrados. De esa plebeya, de esa Máxima, es de la que se enamoró el príncipe heredero de la corona de Holanda.

La vio por primera vez en fotos que le envió una amiga en común vía mail. Luego, un mes después, la tomó de la cintura mientras bailaban, bastante atrevido, en una fiesta en Sevilla cuando por fin se conocieron. Y quince días más tarde la fue a visitar de incógnito a Nueva York, en el avión real, para quedarse encerrados todo un fin de semana en su bohemio apartamento de Chelsea.

Cuando Willem Alexander regresó a La Haya, ya sabía que quería convertir a esa mujer en princesa, a pesar de que no podía pronunciar aún su apellido y de que le resultaría imposible señalar en un mapamundi dónde quedaba aquel país del que provenía. Máxima ya sabía que, si quería, podía convertirse en princesa. Y luego en reina. Dependía de ella, de qué parte de su mente ganara la pulseada: si la seducción irresistible del poder y los millones o la libertad del anonimato. A pesar de que no tenía gran experiencia con los hombres, y que en su vida había tenido más fracasos amorosos que éxitos, con aquel muchacho rubio se sintió segura: intuía que lo había enamorado. Y aunque a algún agorero le cueste creerlo, pronto Máxima también se enamoró perdidamente.

"Se llama Máxima, es argentina pero vive en Nueva York. Confiá en mí y no preguntes nada", le anunció Willem

Alexander a su madre. Por la inédita seriedad que registró en el tono de su hijo, la reina Beatrix supo que esa chica era la elegida. Fue entonces cuando empezó el plan de indagación e instrucción. Ese plan es uno de los mayores orgullos de la soberana más rica de Europa, la dueña de una fortuna estimada en 5.000 millones de euros y de un poder político del que no goza ninguno de sus reyes vecinos: haber transformado a Máxima en su confiable sucesora, agregándole a su gracia latina la rectitud protestante y germana, tan propia de los Orange-Nassau. Y esa mixtura es la que encanta a los súbditos.

Primero mandó a investigarla. El Servicio Secreto holandés descubrió a una argentina globalizada, educada en un colegio de elite tercermundista, inteligente y tal vez codiciosa. Con una espina difícil de sacar: su padre. A la reina le gustó de inmediato; si hasta parecía holandesa... Entonces la mandó a adiestrar. La mudaron a Bruselas, cerquita del reino pero a resguardo de las infidencias. Le pusieron a su disposición un equipo multitudinario y multidisciplinario. Profesores de holandés, catedráticos de historia, especialistas en arte, filósofos, autoridades en monarquía e historia parlamentaria, comunicadores, analistas, economistas, dirigentes políticos, expertos en comunicación y marketing, especialistas en protocolo. Desde aquel día de abril de 1999 en que enamoró al príncipe Willem Alexander, los mejores hombres del reino vienen trabajando para hacer de Máxima una verdadera princesa y una futura gran reina.

Cuando finalmente la sacaron al ruedo público, tomada del brazo de su novio pero tan segura de sí misma, Máxima hablaba un holandés casi perfecto. Era ya "una holandesa nacida en la

Argentina". Mientras tanto, un tal Michiel Baud había recibido la orden del premier Wim Kok, avalado por Beatrix, de averiguar en Buenos Aires cuál había sido la actitud de Jorge Zorreguieta durante la dictadura. Cuando Baud, director del Centro Holandés de Estudios y Documentación Latinoamericanos, regresó a La Haya, allí seguía la espina: informó que, si bien no había pruebas ni indicios de alguna participación en hechos de violencia, era imposible que el padre de Máxima no supiera durante su gestión en la Secretaría de Agricultura que el gobierno de Videla había aplicado una política de terror que incluía torturas, secuestros, robos, y que terminó con treinta mil desaparecidos y un país destrozado.

Los holandeses, con sentido común, se preguntaban: ¿Cómo educará a los herederos de la Corona la hija de un alto funcionario de una dictadura feroz? Esta vez, los solucionadores de problemas del reino no encontraron respuestas. Optaron pues por esconder esa espina: a Jorge Zorreguieta se le impidió asistir a la boda real.

Pero Máxima logró, solita, ir disipando las dudas con aquella, su mejor arma: la sonrisa. La sonrisa, y también algunas lágrimas. En medio de la cerebración de la boda, diecisiete millones de holandeses y otros novecientos millones de espectadores alrededor del mundo la vieron llorar en vivo y en directo, por la tele. Y todos dedujeron que lloraba la ausencia forzada de su padre. Entonces, los súbditos se solidarizaron con ella. La joven economista argentina que era capaz de romper —un poquito— el protocolo para mostrarse humana los había terminado de cautivar. La humanidad también es parte de su férreo entrenamiento.

Humanista… Puede sonar exagerado, pero ese es el adjetivo que mejor parece caberle a la nueva Máxima. Tal vez para terminar de borrar el pasado de aquel padre de larga historia antidemocrácica, se fue creando a esta actual princesa *progresista*. La que defiende a los inmigrantes pobres en Holanda. La que lucha por las mujeres de las minorías étnicas. La que manda a sus hijas a un colegio público. La que recorre el mundo promoviendo microcréditos para los más desfavorecidos. La que se reúne con las Abuelas de Plaza de Mayo. Sólo el tiempo dirá si es otra estrategia de marketing que viene a cerrar el plan de la reina Beatrix o si es una conversión sincera y adulta de quien descubrió las mieles de la democracia en su flamante reino de adopción.

En el ejercicio de ese nuevo perfil, sin embargo, un día cruzó el límite que tan bien venía manejando: "El ser holandés no existe", dijo, en un discurso público. Recibió entonces las críticas más despiadadas. A partir de allí, prefirieron cuidarla tras un muro inexpugnable. La reina se lo había advertido varios años antes: "Vivirás en una jaula de oro". Y tenía razón. Máxima no puede opinar de nada sin tener la expresa autorización del Gobierno, porque el primer ministro es responsable directo de lo que hagan o digan los Orange.

Todos sus familiares, amigos, empleados y sirvientes están perfectamente adoctrinados: no pueden contar nada sobre ella, ni lo malo ni lo bueno. Y es bastante sorprendente lo bien que funciona el mecanismo. Cuando comenzamos a trabajar en la biografía de Máxima, encontramos que el muro se había extendido hasta la Argentina. Decenas de pedidos de entrevistas recibían la misma respuesta: "No puedo hablar". Llamamos una a una a sus compañeras de colegio, a sus parientes, a las compañeras de la universidad, a sus colegas del trabajo...

Sin embargo, la Corona no podía controlarlo todo. Fueron apareciendo grietas. Familiares que saltaban ese muro, alguna chica que se asomaba porque no se aguantaba guardarse los secretos de las aulas del Northlands, un ex novio un poco resentido, profesores y ex jefes que no habían sido avisados. Cuando la Casa Real se enteró de los avances, se comunicó con nosotros. Michiel Schulmaijer, del departamento de Prensa y Protocolo, intentó parar la investigación con amenazas judiciales.

Seguimos. Y descubrimos y desempolvamos decenas de historias dentro de la historia de esa niña rubia y cachetona que se convirtió, paradójicamente, en la mujer argentina viva más famosa del mundo y en la mujer holandesa más popular del reino. Aquí están esas historias y esa historia de Máxima, princesa real de Holanda, princesa de Orange-Nassau y señora de Van Amsberg, futura reina de Holanda; esposa del príncipe Willem Alexander, futuro rey de Holanda; madre de la princesita Catharina-Amalia Beatriz Carmen Victoria, futura reina de Holanda.

## Capítulo 1
## Carmenza, la buscadora de abolengo

*C*ada misa de las once, pasaba lo mismo. Cada domingo, igual. Allí iba Carmenza, tan decidida, con su solar largo y su capelina blanca y su maquillaje leve de la mañana, acarreando a sus hijas María del Carmen, María Rita, María Cecilia y la pequeña Marcela, vestidas para fiesta santa. María del Carmen, María Pame para los de Pergamino, o Pame a secas, era la más linda de las hermanitas Cerruti. Era, de hecho, una de las más lindas del pueblo.

"Esta es la misa que importa", repetía María del Carmen *Carmenza* Carricart de Cerruti, la abuela de Máxima Zorreguieta, que, claro, todavía no había nacido… Empezaba a correr la década del 60. Y Pergamino, el próspero pueblo rural de la provincia, a 220 kilómetros de la Capital Federal, iba convirtiéndose en ciudad.

La misa de las once: esa era la que importaba. A la de la primera mañana iban los del pueblo. Pero a la de las once llegaban los polistas porteños que se juntaban a taquear bien temprano, cada domingo, en la estancia de los Brauer Moreno o en la de los Lagos Mármol. Después, aún sudorosos, con sus pantalones blancos y sus botas de montar, aparecían todos juntos en la iglesia, un deber de clase. No se podía pertenecer a la aristocracia argentina si no se iba a la misa de once, fuera donde fuera.

Esos muchachos de botas largas sobre sus pantalones blancos eran la insólita obsesión de Carmenza. Todos sus vecinos de Pergamino la recuerdan como una señora coqueta, amable, simpática, campechana y solidaria. Pero ella tenía una meta bien clara: que alguna de sus hijas ascendiera socialmente casándose con un joven polista, que para ella era sinónimo de buena familia, status y dinero. Soñaba con ser invitada a las fiestas de la Sociedad Rural. ¡Pero no a las de la Sociedad Rural de Pergamino! Sino a las grandes veladas benéficas de la sede de Palermo.

Carmenza llevaba con orgullo su apellido francés, pero eso no alcanzaba para *pertenecer*: sus antepasados nacidos en territorio nacional no llegaban hasta la época de la Colonia, como manda la regla de los patricios. El primer Carricart, su abuelo Bernardo, había arribado a estas costas en 1850, desde Moncayolle-Larrory-Mendibieu, una comuna del histórico territorio vasco-francés de Soule. ¿Por allí ya se habría cruzado la sangre de los Carricart con la de los Zorreguieta, que se fusionarían definitivamente en 1971 con el nacimiento de Máxima? Carmenza prefería ocultar ese origen vasco. En los Pirineos, los Carricart estaban vinculados con los Aramburu, que dejaron descendientes notables en la Argentina. Pero esos pasados supuestamente ilustres que Carmenza solía relatarles a sus hijas se habían diluido entre los pastizales de la pampa. Aquí, Bernardo fue apenas un granjero testarudo que se instaló en Castelli, se casó con

Juana Echart y tuvo un hijo. Domingo nació en 1885, y, como dirigente de la conservadora Unión Popular, fue el primer intendente de la localidad de González Chaves, intendente comisionado de Tres Arroyos y director del Banco de la Provincia de Buenos Aires.

En 1914, durante la larga estadía de Domingo en González Chaves, un rancherío de no más de doscientos habitantes por aquella época, nació su hija Carmenza. Hoy, en ese pueblo levantado a la vera del arroyo Pescado Castigado viven unos nueve mil pobladores; allí hay un hogar de ancianos Domingo Carricart, una avenida Domingo Carricart que continúa a la San Martín, y hasta un monumento a Domingo Carricart.

Las vueltas de la historia: el padre de Carmenza y bisabuelo de Máxima se trasladó a comienzos de la década del 20 desde González Chaves a la pujante ciudad vecina de Tres Arroyos, donde por entonces ya estaba instalada la comunidad de los Países Bajos más grande de la Argentina. Aun más notable es la coincidencia que une el pasado de la princesa con los holandeses: a Domingo Carricart le tocó, en 1924, en su cargo de intendente comisionado de Tres Arroyos, recibir a la llamada "segunda inmigración", el contingente de holandeses más numeroso que llegó a la Argentina en toda su historia. Uno de esos inmigrantes, el carpintero Cornelio De Vries, fue el constructor de una hermosa obra veraniega: nueve chalets de madera, de estilo flamenco, que miran al mar en la costa de Claromecó, balneario que queda a unos kilómetros de Tres Arroyos, sobre el océano Atlántico; el chalet número uno lo compró Domingo Carricart.

Carmenza guardó pocos recuerdos de González Chaves, de Tres Arroyos, de los holandeses que saludaban con acento extraño a su padre por la calle. Que su apellido fuera ilustre en un pueblito no la posicionaba allí cerca de donde quería: en las alcurnias porteñas. Por eso, a medida que sus hijas crecían y pasaban de año en el colegio del Huerto, ella iba perdiendo el recato. "Apuren, chicas, apuren. Acérquense", les rogaba a María Pame, Cecilia y Rita, empujándolas con sus brazos cortitos hacia donde charlaban los jóvenes polistas, en el atrio de la iglesia. El padre Román sonreía cómplice, mientras saludaba a los buenos vecinos. Le hacían mucha gracia las travesuras de esa feligresa, que en los días hábiles de la semana se sacaba su disfraz de celestina y volvía a ser la de siempre: la doña simpática y solidaria, que le llevaba pacientes inesperados a su esposo el doctor a la hora de la siesta, recogidos de algún comentario al pasar en el mercado.

—Ay, Carmenza, hoy me desperté con mal de ojo.

—Pero vamos para casa, Merceditas, que el doctor Cerruti la controle.

El doctor Cerruti, el Tata Cerruti, abuelo materno de Máxima, era el médico más querido del pueblo. Atendía gratis a muchos vecinos, y no renegaba nunca de sus siestas fallidas. En la intimidad, Carmenza lo llamaba por el nombre de pila, para la familia era Tata, pero puertas afuera era siempre el "doctor Cerruti". Anestesista, clínico, salía cada mañana y caminaba las pocas cuadras que separaban su casa de la calle Florida de la Clínica Pergamino, que cuatro décadas antes había sido cofundada por su propio padre, Santiago Anastasio Cerruti. Pasaba por el frente del colegio de monjas donde mandaba a sus chicas, cruzaba en diagonal la plaza de La Merced, entraba a su consultorio y se calzaba su guardapolvo, que la propia Carmenza lavaba dos veces por semana y que él usaba siempre desabrochado, con chaleco y corbatín debajo. A veces, el trayecto podía llevarle media hora: o porque se paraba a charlar con alguien o porque le hacían alguna consulta al paso. El Tata Cerruti era un médico muy popular, buen amigo de sus amigos, excelente asador, cristiano part time, grato conversador, hombre de paciencia tibetana. Cuando no estaba con sus hijos, o con sus pacientes, solía encontrárselo en el bar, a la hora de la vuelta al perro, en compañía del escribano Carlos Ruiz Moreno o del "inglés" Viglierchio, ginecólogo, radical, quien fuera embajador en Ecuador durante la gestión de Arturo Illia. Ellos eran sus grandes amigos en Pergamino. Y sus hijos eran amigos de los hijos de sus amigos. Carlos Viglierchio, el primogénito del ginecólogo, era el mejor amigo de Jorgito, el hijo varón de Cerruti. Carlitos Ruiz Moreno, el hijo del escribano, era uno de los que pretendía a la codiciada María Pame. Pero Carmenza no capitulaba: Carlitos llevaba buen apellido, tenían un buen pasar económico (como toda familia de escribano de pueblo) y hasta jugaba al polo; pero no le alcanzaba. Tampoco le alcanzaba a Pascual Elustondo, el buen muchacho que vivía dos cuadras más allá de los Cerruti y que estaba enamorado de Pame a escondidas. La voluntad de Carmenza era inquebrantable: quería que sus chicas llevaran apellidos de casadas que figuraran en los libros de historia.

Ese era el secreto que Carmenza conocía tan bien: para mostrar estirpe había que contar en el árbol genealógico con algún antepasado que, por lo menos, hubiera bajado del barco que trajo a San Martín a Buenos Aires. No era suficiente con tener una calle en un pueblo perdido. Y tampoco ayudaba el Cerruti, porque de los apellidos italianos se infiere una inmigración más reciente. El padre del doctor, Santiago Anastasio, había nacido en San Nicolás de los Arroyos, pero su abuelo, Giacomo Cerruti, inmigró desde Verense, en la Liguria, a mediados del siglo XIX.

El doctor Cerruti, que amaba a su esposa, nunca la contradecía. Aunque veces le parecía que exageraba con esa compulsión por los polistas. Él también amaba ese deporte, que era el deporte de la clase alta terrateniente argentina. De hecho, era el presidente del Pergamino Polo Club, donde alguna vez jugó el propio Jorge Zorreguieta, y había enseñado a todos sus hijos a taquear. Pame y Rita nunca se entusiasmaron; para ellas, ese no era un juego para mujeres. Jorgito le salió un buen polista... Pero el orgullo del padre en estas lides era la menor de las chicas, Marcela.

—Si monta como un hombre —se asombraba el doctor.

Marcela, aún hoy, pasados los cincuenta, sigue taqueando regularmente. Con su equipo, Las Soñadoras, disputó en 2005 el torneo Princesa Máxima, en el Club Hurlingham.

El doctor le decía a su esposa: "Dejá que las chicas elijan los novios que quieran". Y Carmenza le respondía: "Que ellas elijan, pero yo filtro". Y su plan, de a poco, fue dando resultados. Los Cerruti fueron entrando en la buena estima de los muchachos polistas y sus familias: los Urquiza, los Anchorena, los Lagos Mármol, los Brauer Moreno, los Marín Moreno. El doctor y sus hijos comenzaron a frecuentar las estancias del círculo de privilegio: La Lucila, de los Urquiza, o Las Invernadas, de los Brauer. A las chicas ya no había que empujarlas hacia el atrio. Ellas iban solitas, porque eran buenas amigas de esos chicos de apellido compuesto, pantalones blancos y botas altas. Por entonces, Cerruti se probó además como pequeño patrón de estancia, al comprar unas hectáreas en la zona de Manantiales, a unos kilómetros de Pergamino.

Carmenza estaba feliz; su sueño era posible. Y esa felicidad la tranquilizó. Y esa tranquilidad la terminó llevando al descuido. Un día, en la misa, entre esos muchachos, apareció un hombre un poco mayor que el resto, bien parecido, elegante, de hablar pausado y sonrisa blanca. Solía ir a los partidos de polo, tenía buen diálogo con el doctor, pero nunca había aparecido por la misa de once. Portaba un apellido que a la abuela de Máxima le pareció de buen linaje: Zorreguieta. Y el mismo nombre, exacto, que su marido y que su hijo: Jorge Horacio. Jorge Horacio Zorreguieta, el padre de Máxima, conocía a María Pame desde que ella tenía diez años. Pero recién entonces, a mediados del 63, se le acercó para conversar en el atrio de la iglesia. Coqui tenía treinta y cinco años, tres hijas y todavía estaba casado con Marta López Gil. María Pame acababa de cumplir veinte, y estaba con ganas de dejar la casa de sus padres para mudarse a Capital.

En realidad, Zorreguieta ya había quedado encandilado por su belleza un par de meses antes, en un torneo de bajo handicap que él jugó para el cuarteto de La Gloria, un club de polo de González Catán. Aquella vez intercambiaron sólo algunas miradas tímidas. Desde entonces, el elegante jugador afianzó su vínculo con Pergamino.

Hacía tiempo que circulaba, en realidad, por esos pagos. La familia de su mujer, los López Gil, tenía un campo de cuatrocientas hectáreas, Las Escobas, lindero al poblado de General Gelly, justo en el límite de las provincias de Buenos Aires y Santa Fe. Allí Coqui aprendió las cuestiones elementales de la producción agropecuaria; y, sobre todo, comprendió que el pujante mundo rural argentino ofrecía múltiples y ricas posibilidades. La estancia era propiedad de su suegro, aunque la administraba su concuñado, Carlos Marín Moreno, marido de su cuñada Graciela. Pero Coqui, en representación de su esposa, fue compenetrándose con la actividad. Se vinculó primero con las cooperativas de la zona, con otros productores medianos, con contratistas y con inversores. Recomendó a Marín Moreno abandonar la ganadería y dedicar las pocas hectáreas a la siembra de oleaginosas, reservando algunos potreros para la cría de caballos de polo.

Empezó a ir más seguido a ese campo. Se juntaba con el resto de los polistas porteños a taquear cada domingo en alguna de las canchas de la zona. Y luego iban todos juntos a la misa de once. Allí cruzaba saludos formales con María Pame.

Al poco tiempo, se cambió de equipo. Dejó La Gloria y creó junto a su cuñado una nueva formación, a la que bautizaron con el nombre de la estancia familiar, Las Escobas. En Pergamino, eran imbatibles. No tanto por las limitadas aptitudes de Coqui, que era un armador inteligente pero no tan diestro con las riendas, como por la habilidad de Carlos Marín Moreno, un jugador que llegó a tener siete de handicap y había recibido en el 60 la Copa Reina Vivari de manos de la mismísima reina de Gran Bretaña, jugando para el mitológico equipo The Centaurans.

Por entonces, Zorreguieta, que vivía con ingresos de clase media acomodada gracias a su oficina de despachante de aduana cercana al puerto de Buenos Aires, se decidió a dedicarle mucho más tiempo a la producción agropecuaria; en especial a la actividad gremial. Había descubierto que era bueno para las relaciones públicas. Podía vincularse tanto con los peones como con los grandes terratenientes. Y no le costaba nada ganarse la confianza de sus colegas. Así, poco a poco, comenzó a ejercer un oficio que por entonces siquiera tenía nombre: el de lobbysta. Se inició como un cuadro técnico de la Sociedad Rural de Pergamino, a la que representó ante la Comisión Coordinadora de Entidades Agropecuarias. Al principio, apoyaba los reclamos y lineamientos de los pequeños y medianos productores, como era su propia familia política. Incluso, por aquella época se acercó a la alianza llamada Comisión de Enlace Agropecuaria con la Federación Agraria, entidad de pequeños productores y arrendatarios, y a Coninagro, que reunía a todas las cooperativas del país. Pero pronto cayó en la cuenta de que le interesaba más pelear por los intereses de los grandes propietarios, representando a la SR de Pergamino ante la poderosa CARBAP (Confederación de Asociaciones Rurales de Buenos Aires y la Pampa), la CRA o la Sociedad Rural Argentina. Es por entonces cuando conoce a una de las personas que más admiró e influyó en su pensamiento: el "joven brillante" del liberalismo argentino, José Martínez de Hoz. La Acción Coordinadora de las

Instituciones Empresarias Libres (ACIEL) cruzó sus caminos en 1968, donde ambos habían sido elegidos como vocales.

Al derivar sus energías hacia la actividad gremial ruralista terminó de afianzar sus lazos con Pergamino. Entraba y salía de la sede de la SR como si fuera su propia casa, iba mañana por medio al banco Nación a hacer algún trámite, desayunaba en el café frente a la plaza. Por allí se encontraba cada tanto con el doctor Cerruti; compartían la mesa del bar o conversaban a la salida de la iglesia. En definitiva, a Coqui la edad lo separaba tanto de Pame como de Jorge Cerruti: dieciséis años para cada lado... Para mediados de la década del 60 ya podían decirse buenos amigos. Conversaban de campo, de política, de polo, de Pergamino. Se descubrieron muy parecidos: ambos eran noveles en cuestiones camperas, ambos se identificaban como conservadores, ambos desdeñaban el fútbol, tema en común de la amplia mayoría de los hombres argentinos. ¡Si hasta hablaban de medicina! Zorreguieta le contó al doctor que en su juventud había estudiado bioquímica, que le apasionaba la ciencia, pero que finalmente dejó la carrera luego de cursar una decena de materias.

Una mañana, desayunando en la cafetería El Molino, el doctor le pidió un favor a Coqui. Su hija mayor, María del Carmen, María Pame, quería irse a vivir a Buenos Aires. Se lo dijo como si Coqui no registrara a María Pame... Y, un poco preocupado, le explicó que la chica quería estudiar algo, pero todavía no sabía qué, que la idea era ir a la gran ciudad, conseguir un trabajo, después ver...

—Le quería pedir si puede ayudarla a conseguir un empleo. No es una cuestión de dinero, sabe. Yo puedo y quiero mantenerla. Pero ella está empeñada en trabajar. A mí me parece bien que haga algo mientras tanto.

Zorreguieta ya tenía la respuesta. Pero prefirió actuar con cautela.

—Déjeme ver qué puedo hacer…

Cerruti y Zorreguieta, aun en esos momentos de amistad blindada, nunca se tutearon.

Dos meses después, recién instalada en la Capital, la bella María Pame Cerruti, con apenas veintitrés años, comenzó a trabajar como secretaria en la oficina despachante de aduana Cabanillas-Zorreguieta-Macall. Ofilio Cabanillas, pariente de Coqui, militar de carrera, sobrino de un represor que cumple condena perpetua por el robo de bebés durante la dictadura, notaba cómo María Pame le había logrado devolver algo de esplendor al negocio, o al menos que su socio mantuviera la atención bien enfocada. También formaba parte de la sociedad el marido de su hermana Alina, Jorge Macall. Tenían clientes importantes, como Arliston, la holandesa Philips o General Motors, y María Pame aprendió rápido a encauzar esas relaciones tan valiosas. La joven dominó el oficio de secretaria en pocos meses. Era capaz de escribir a máquina usando todos los dedos, era responsable, muy exigente consigo misma y puntillosamente puntual. Le gustaba su trabajo. Se quejaba, cada tanto, de no tener mucho que hacer. En esos momentos de ocio, seguía los amores y desencuentros de las estrellas del cine en las revistas semanales que compraba en el quiosco de la estación Retiro.

En cambio, Coqui no podía ser feliz... Su matrimonio con Marta López Gil venía resquebrajándose desde comienzos de la década del 60. Habían tenido dos hijas: María, nacida en el 56, y Ángeles, nacida en el 58. Hacia finales del 64, Marta volvió a quedar embarazada. Pero Coqui vivió menos de tres años en la misma casa que su hija menor, Dolores, nacida en junio del 65. Aunque siempre fue un padre muy presente y cariñoso. La separación se oficializó en el 68, en muy buenos términos. Marta y Coqui mantienen aún hoy una relación amistosa, que se extiende a Pame, quien también tiene un trato muy civilizado con la primera esposa de su marido; Marta le cose algunas polleras simples que Pame lleva con orgullo.

A los pocos meses del fin del matrimonio Zorreguieta-López Gil, que no se concretó en los papeles porque por entonces no existía la ley de divorcio en la Argentina, Coqui y María Pame comenzaron a mostrarse como novios. Cabanillas y Macall fueron los primeros en enterarse. Luego se lo contaron a María y a Ángeles Zorreguieta. Y un sábado decidieron viajar juntos a Pergamino para enfrentar la situación ante los Cerruti. Se quedaron dos días, pero finalmente no se animaron a blanquear la relación. Antes de volver a Buenos Aires, María Pame le dejó una carta a su madre sobre la mesa del comedor, donde le contaba todo. Y se subió corriendo a la Fiat de su novio.

Carmenza, como era de esperarse, puso el grito en el cielo. Resulta inexplicable cómo ella, acostumbrada a manejar la vida amorosa de sus hijas con mano de hierro, se dejó estar. Había permitido que "el diablo entrara en la casa", como le repetía a sus amigas del pueblo. Zorreguieta no era el candidato de lustre que ella pretendía para su hija: no poseía más tierra propia que la que entra en una maceta, era dieciséis años mayor, carecía de un título universitario y, además, estaba casado y tenía tres hijas. Pame le explicó hasta el cansancio que él ya se había separado. Pero para Carmenza, tan devota, esa no era una de las posibilidades: ni la Iglesia ni el Estado admitían el divorcio. El doctor Cerruti, en cambio, actuó de mediador. En algún lugar sentía que su amigo había traicionado su confianza, pero sabía muy bien que en cuestiones de amor siempre era difícil seguir los pasos de la razón. En realidad, él lo venía sospechando desde hacía tiempo. Los faltazos de su hija a las visitas de domingo a Pergamino coincidían con la ausencia de Zorreguieta de las canchas de polo de la zona. Aunque no decía nada… Sabía que, si sus sospechas se confirmaban, se avecinaría una tormenta. Y, en definitiva, aunque era bastante mayor que su hija, ese hombre le agradaba. Al Tata Cerruti siempre le gustaron los buenos conversadores.

Coqui es de pura cepa vasca; su apellido aparece registrado por primera vez en los pleitos conservados en el archivo de Oñate, hacia 1496. El apellido Zorreguieta o Sorreguieta, de acuerdo a su grafía original, es autóctono de la villa de Elduayen, partido judicial de Tolosa, en Guipúzcoa, donde todavía hoy subsiste la casa blasonada de Sorreguieta (apodada "Sorrieta"), que, según el historiador e investigador vasco Iñaki Linazasoro, es el único palacio armero subsistente en esa villa. Su vínculo con la agricultura estaba marcado por el destino genético: el apellido

Sorreguieta significa "lugar de prados", y en esa zona de donde proceden sus antepasados crecen las legumbres, los nabos y los castaños. El escudo de armas de la familia muestra un campo de oro y un león pasante de sable, superado por dos aspas de gules.

Fue a los Sorreguieta de aquel caserío en el corazón del País Vasco a los que en el siglo XVI el rey Carlos V de España les habría concedido la gracia de la hidalguía universal, gracia —en realidad— sobre la que aún discuten los genealogistas de todo el mundo, en especial desde que Máxima se convirtió en princesa y los realistas de Europa hicieron lo imposible para que su árbol familiar llegara con sus raíces hasta la nobleza. Un hidalgo, en aquel siglo XVI, era un noble español con título o sin título que había alcanzado esa categoría jurídica por pertenecer a una determinada familia o por prestar servicios en causas públicas. A cambio, obtenía el beneficio de "no pechar"; es decir, de no pagar impuestos. Los Sorreguieta habrían probado su nobleza por primera vez en 1726, según consta en el árbol genealógico confeccionado por el historiador Narciso Binayan Carmona.

Pero Carmenza, de esto, no sabía nada. Alguna vez María Pame intentó con el argumento del buen apellido hacer que su madre aceptara de una vez por todas a su novio, a sabiendas de que esas eran cosas importantes para ella. Pero no hubo caso: Carmenza no quiso creer, y cuando la convencían un poco decía que los vascos españoles no pueden ser nunca nobles del todo. "Un noble tiene que ser inglés, prusiano, francés o castellano", decía, repitiendo vaya a saber qué argumento falaz escuchado en alguna reunión social.

Lo cierto es que el primer Sorreguieta que llegó a la Argentina fue don José Antonio de Sorreguieta y Oyarzábal, nacido en Tolosa en 1777 y llegado a Buenos Aires en 1790, en épocas del Virreinato del Río de la Plata. A poco de llegar, decidió instalarse en la ciudad de Salta. Allí se casó con la gallega Micaela Antonio Maurin, y se estableció como comerciante, invirtiendo en un almacén general los pocos reales que había traído desde Tolosa. En 1811 fue registrado como vecino del barrio San Bernardo, que se extendía "desde la casa esquina de Don José Antonio Zorreguieta hasta la iglesia de San Bernardo". En tal registro público es donde el apellido aparece por primera vez encabezado con una Z, y ya nunca más volvió a su grafía original.

José Antonio y Micaela tuvieron seis hijos, y a todos los registraron como Zorreguieta, con zeta. La quinta, María Lucía, tuvo un único hijo, Mariano, bisabuelo de Coqui y tal vez el Zorreguieta argentino que logró más honores. Nacido en 1830, estudió filosofía en el convento de San Francisco y luego se convirtió en un destacado político, historiador y funcionario público. Fue escribano de Gobierno de la provincia de Salta, interventor de Correos, concejal, diputado y senador provincial. Escribió algunos ensayos históricos que no dejaron marca, pero que sus descendientes muestran con curiosidad y orgullo; entre ellos, *El Señor del Milagro* y *La Virgen del Milagro*. Mariano se casó en 1856 con Jesús Hernández Cornejo, que vino a agregar un poco más de linaje a la sangre de Máxima. Jesús, Jesusita, era la novena generación de la "palla" (mujer de sangre real) Catalina Paucar Occllo, y una de las numerosas descendientes de la dinastía imperial de los incas. Además, Catalina, era sobrina tercera del general Martín de Güemes, el jefe de los gauchos que pelearon por la independencia en los montes salteños.

Mariano y Jesusita tuvieron siete hijos, el menor de los cuales, Amadeo, abuelo de Coqui, dejó Salta y se instaló en Buenos Aires. Convertido en político, de muy joven fue enviado por el poder central como intendente interventor de la ciudad de Mendoza, y luego fue ministro de Obras Públicas de la provincia de Mendoza. En 1898 se casó con Máxima Blanca Bonorino González. El único heredero de ese matrimonio fue Juan Antonio Zorreguieta Bonorino, bancario de toda una vida, hombre gris y buen padre, que en 1925 se casó con Cesina *Chechi* Stefanini y tuvo dos hijos: Alina y Jorge Horacio, Coqui, apodo que le impuso su hermana cuando todavía eran niños traviesos que jugaban en el zaguán de la casa porteña.

Con el paso de los meses, la situación en la casa de los Cerruti fue mejorando, aunque levemente. A Coqui le seguía dando un poco de miedo esa mujer chiquita y cariñosa con todos menos con él. Ante su yerno, a Carmenza le salían muy bien las maldades. Llegó incluso a olvidar sus pretensiones de alcurnia y pedir al menos lo que pedían todas las descendientes de la inmigración italiana: que sus hijos fueran doctores. "Qué título noble va a tener, si ni título universitario tiene", se quejó de Coqui ante una vecina de la calle Florida. Alguna vez, incluso, se animó a reprocharle en la cara la falta de profesión al mismo Zorreguieta.

—Señor se nace, doctor se hace.

Pero Coqui y María Pame lograron ir aflojando las tensiones de Carmenza a fuerza de simpatía y presentes humildes que le traían desde Buenos Aires: los catálogos de sastrería de Gath & Chaves y revistas del corazón. Para finales del 69, podían ir de visita a la casa de Pergamino y sentarse todos juntos en la mesa. Sin embargo, en marzo del 70 sobrevino una nueva tormenta cuando la pareja perdió a su principal aliado: Jorge Cerruti. Ese verano, María Cecilia *Tatila* Cerruti, una de las hermanas de Pame, se casó con un capataz de campo y polista del pueblo, Eulogio *Bochín* Coronel. La familia estaba de fiesta. Entonces, Pame y Coqui aprovecharon la situación inédita que los sacó del centro de la atención de los Cerruti para irse a vivir juntos a un departamento de tres habitaciones y dependencia de servicio que compraron en Barrio Norte. Cuando el doctor se enteró, sintió que la traición había sido completa. Por aquellas épocas, vivir en concubinato, sin papeles, no era bien visto en la clase media, y mucho menos en la clase alta. Se enojó mucho con Zorreguieta, y no dejó de reprochárselo durante un par de años. En verdad, los padres de Máxima fueron bastante valientes e innovadores. Se animaron a enfrentar valores que creían anticuados y se mostraron bien seguros de su amor. No podían casarse, simplemente porque el divorcio no existía en la Argentina y él seguía "casado" con Marta López Gil. En junio de 1970 viajaron a Asunción del Paraguay, donde contrajeron matrimonio; tenía un fuerte valor simbólico para ellos, aunque, claro, no era válido para la ley argentina. Por eso, el 17 de mayo de 1971, cuando nació Máxima, fue anotada como hija de madre soltera. Recién dieciséis años después formalizaron la relación en un registro civil de Buenos Aires.

La llegada de los nietos había acercado otra vez a Pame y a Coqui al Tata y a Carmenza. Pero Jorge Horacio Zorreguieta entró definitivamente en el corazón de su suegra cuando fue nombrado subsecretario de Agricultura de la Nación. Corría el otoño del 76 y el gobierno de Jorge Rafael Videla todavía no era la dictadura feroz en que se convertiría bien pronto; el nuevo régimen era respaldado por amplios sectores sociales y el cargo que asumía Coqui era de altísimo prestigio, porque allí se libraban los intereses de la alta sociedad terrateniente. Carmenza, a los sesenta y tres años, pudo por fin asistir a una velada de gala en la sede de la Sociedad Rural de Palermo, para la fiesta de inauguración de la exposición ganadera del 77; y vio cómo su yerno era recibido con abrazos y honores.

Es extraño a veces el destino: lo mismo que le abrió definitivamente a Zorreguieta la puerta de la casa de los Cerruti y el corazón de Carmenza, su nombramiento como funcionario del gobierno de Videla, es lo que lo expulsó años después del casamiento real de su hija Máxima.

# Capítulo 2
## Mini Maxi

*M*áxima iba a llamarse Jorge. María Pame estaba segura de que finalmente le daría un varón a su marido. "Fijate, tengo la panza en punta, es un Jorgito", repetía con certeza científica. Coqui ya tenía tres hijas mujeres de su matrimonio anterior: había llegado la hora del varoncito. Zorreguieta era un hombre maduro, y quería un hijo que inmortalizara su apellido, lo transmitiera de generación en generación. Era su deber, por ser el único hijo varón que habían engendrado sus padres, Juan Antonio Zorreguieta Bonorino y Cesina *Chechi* Stefanini. Era su obligación, para sostener un apellido que había desembarcado en la Argentina en 1790.

Ni bien Coqui dejó la casa que compartía con Marta López Gil y sus hijas, se mudó con su nueva novia al departamento de la calle Uriburu. El "nidito de amor", de 120 metros cuadrados, a María Pame le parecía enorme.

—No te creas que es tan grande, lo vamos a llenar de hijos —le decía Coqui.

Durante los primeros meses en su flamante hogar recibieron pocas visitas: Carmenza les había prohibido a las hermanas

Cerruti ir a ese lugar de pecados, y a las hijas de Zorreguieta aún les resultaba difícil asimilar tantos cambios.

Una vecina de Pergamino que ejercía la adivinación amateur le había pasado a María Pame la receta infalible para quedar embarazada de un varón: la mujer tiene que ir arriba, con las piernas rectas, al momento de la cópula amorosa; luego, la técnica debe reforzarse con una dieta fuerte en sales y carnes rojas. Sus amigas porteñas le decían que estaba loca, que lo único que lograría sería un pico de presión. Pero ella cumplía convencida cada una de las directivas de su vecina. "Yo a Coqui le voy a dar el hombrecito que tanto quiere", afirmaba.

María Pame quedó embarazada a los tres meses de convivencia. Con la noticia, Carmenza volvió a acercarse a su hija mayor. Se hacía la enojada, pero estaba encantada. Jorgito sería su primer nieto. "Si es nena, le ponen María del Carmen. No vayan a romper la tradición", pidió; en realidad, las María del Carmen se repetían sin constancia en la familia. María Pame odiaba su nombre, por eso no lo usaba jamás. Pero estaba tan segura del varoncito que ni siquiera se preocupó en advertirle a su madre que María del Carmen no tenía ninguna posibilidad.

Todavía faltaba poco más de un mes para que comenzara el invierno, pero en Buenos Aires hacía más frío que de costumbre. María Pame, bendita con su panza, regresaba caminando de tomar el té con unas amigas en la confitería La Biela cuando sintió los primeros dolores. Se había abrigado tanto que confundió las contracciones con la presión que la ropa ejercía sobre su vientre. Se acostó en su casa con la ilusión de aliviar el malestar, pero la noche se le hizo eterna.

A la mañana siguiente, el 17 de mayo de 1971, se despertó empapada. Había roto bolsa y Coqui ya no estaba. Los lunes él se levantaba a las seis de la mañana. Le gustaba llegar bien temprano a su oficina, desayunar tranquilo, hojeando sus diarios de cabecera: *Clarín* y *La Nación*. Leyó que en El Palomar un Hércules C-130 estaba a punto de realizar el primer vuelo directo a la Base Marambio, en la Antártida Argentina. Lo interrumpió el teléfono.

—Coqui, corré para acá, ya se viene —gritó María Pame.

—Tomate un taxi para la clínica. Ya salgo, nos encontramos allá —dijo él, tratando en vano de transmitir tranquilidad.

María Pame llegó sola a la Clínica del Sol, maldiciendo a su marido por no haberla pasado a buscar. Zorreguieta sorprendió a la parturienta media hora después: "Ahora sí puede nacer. Fuerza, mi amor", la alcanzó a despedir, justo cuando estaba entrando a la sala de parto. Esperó solo en el pasillo. Era su cuarto hijo, pero estaba tan nervioso como hacía quince años, cuando nació María, su primogénita. No tenía la costumbre de rezar. Pero rezó. Le pidió a Dios que naciera sanito. Faltaba un rato para que el reloj marcara las doce del mediodía cuando una enfermera le avisó que había nacido su hija.

"Mirá a Jorgito", sonrió María Pame, apenas Coqui entró a la habitación. Zorreguieta sintió culpa por haber deseado con tanto empeño un varón. Le pidió perdón a Dios por ser tan desagradecido. "Cuidámela siempre. Que sea una mujer feliz", rogó.

Era una beba gordita y rubiona. El padre la acariciaba, la besaba, le contaba los dedos de los pies, también los de las manos. "El doctor me dijo que está perfecta", lo calmó su mujer, tomándole la mano. Él pensó en lo feliz que se iban a poner "sus chicas" y su madre Chechi.

—¿Cómo vamos a llamarla? —preguntó María Pame, intuyendo la respuesta.

—Si estás de acuerdo, le ponemos Máxima, como mi abuela.

Máxima Bonorino González había sido una de las mujeres más importantes de su vida. Dicen que fue amiga del general Mitre. Que conoció al general Roca. Que fue una dama importante de la aristocracia porteña. Eso dicen...

María Pame accedió sin dudarlo. Máxima sonaba fuerte, importante. Además, era especial; casi no había Máximas en Buenos Aires, en la Argentina. El significado de ese nombre de origen latino le parecía de buen augurio: "La más grande de todas".

Le tocó la habitación más luminosa de la casa. La cuna era nueva. Las sabanitas y el cubrecamas, otra tradición que pasaba de generación en generación. Le costaba dormirse, pero cuando se dormía, descansaba varias horas seguidas. Y se despertaba muerta de hambre. Su llegada revolucionó la vida de las dos familias. "La gorda", como la apodaron apenas se asomó a este mundo, y como la seguirían llamando sus primos varones durante su adolescencia, era la gran atracción, sobre todo de los Cerruti Carricart. Carmenza se había instalado en la casa de su hija "para ayudar en lo que sea necesario". Coqui jugaba a molestarla y le contestaba: "Lo más necesario es que se vuelva a Pergamino". Las tías maternas Tatila —embarazada de Luciana— y María Rita la visitaban durante los fines de semana. Tatila le cosía mantitas y almohadones. Marcela se convirtió en una experta a la hora de dormir a la beba cuando la madre no sabía cómo calmar su llanto. Máxima también era un juguete muy entretenido para las tres hijas de Coqui. Se dejaba alimentar, cambiar los pañales, y jamás protestaba. "Es una santa. Come y duerme todo el día", repetía María Pame orgullosa.

Ya por ese entonces, su sola presencia irradiaba la misma luz y alegría que irradia hoy en Holanda. Con ella, María Pame mejoró su carácter, se volvió más sensible. Empezó a comprender los caprichos y la rebeldía de las hijas de su marido. Incluso, las extrañaba cuando no estaban en la casa. Máxima llegó para legitimar el amor entre sus padres. Un año antes de su nacimiento, Coqui se había animado a dar el paso que muchos de sus amigos jamás pudieron, y por el que fue muy criticado: jugarse por amor. Treinta y ocho años después, una de sus hijas mayores reconocería que, a la distancia, no lograba entender cómo Coqui y su madre, Marta López Gil, habían llegado a casarse: "No se parecen en nada, no tienen nada en común, más que nosotras, sus hijas". López Gil era y es una filósofa reconocida, docente, autora de varios libros. Zorreguieta, una especie de *dandy*, un seductor, que siempre prefirió los eventos sociales y las relaciones públicas al estudio. Esas diferencias quedaron plasmadas, de hecho, en la educación que recibieron los siete hermanos Zorreguieta: las tres hijas que Coqui tuvo con López Gil fueron a colegios típicos de clase media, sin pretensiones, como el Cinco Esquinas y el Sagrado Corazón, y se graduaron en universidades públicas. Los cuatro hijos que Coqui tuvo con María Pame Cerruti cursaron en colegios carísimos y acudieron a universidades privadas; para ellos, la enseñanza estatal no era siquiera una opción.

Bautizarla fue una forma de "redimirla del pecado" con el que había nacido, según la fe católica y los comentarios maliciosos de las vecinas de Barrio Norte. Apenas tenía tres semanas de vida cuando un curita le echó agua bendita en la iglesia del Pilar. Lucía el vestido de bautismo de su tío Jorge Cerruti, el mismo que usaron todos los Cerruti Carricart y que muchos años después también usarían las hijas de Máxima en Holanda, aunque más no fuera para una foto familiar. La abuela Carmenza estaba tan feliz que le agradecía a su yerno el gesto: "Me alegro que quiera hacer las cosas como Dios manda". La tía Marcela fue la madrina. El empresario Roberto Favelevic, íntimo de Coqui, fue el padrino. El ex presidente de la Unión Industrial Argentina, que luego también integró junto a Zorreguieta el consejo directivo del Banco República de Raúl Moneta que fue investigado por el Senado de los Estados Unidos en 1996 por lavado de dinero, fue uno de los pocos amigos que respaldó fielmente al padre de Máxima en su doloroso proceso de la separación.

Al año y tres meses la princesita de la casa ya hablaba fluidamente. "A ésta no la paramos más", bromeaba el doctor Cerruti. Había empezado, claro, con "papá", para orgullo de Coqui. Y enseguida se largó con un repertorio de palabras que sorprendía a propios y extraños. Aun con su cara de bebota, solía hacer comentarios agudos, que incomodaban a su mamá en el mercado o la peluquería. "¿Por qué tiene el pelo tan duro, señora?", le preguntó a una amiga de María Pame que llegó de visita. Caminaba rápido con sus piernitas regordetas, siempre abrigada con vestidos de lana que le picaban. Y hablaba y hablaba. Y preguntaba y preguntaba...

—Papá, ¿por qué te dicen Sheik?

Coqui se reía. "Dale, explicale vos", le pidió a su compadre Favelevic. "Porque está rodeado de mujeres", le contó el padrino.

Pero ese entorno femenino no duraría mucho. De repente, Máxima se puso quisquillosa. Lloraba por cualquier cosa, estaba más caprichosa que nunca y no quería dormir sola en su habitación. Entonces, una noche Zorreguieta la pasó a su cama, ignorando la opinión de su mujer que creía que eso "atenta contra los principios básicos de la psicología". Así era María Pame: matizaba las leyendas de campo —como aquel método para procrear un hijo varón— con las últimas modernidades de la vida urbana: el psicoanálisis ya se ponía de moda en Buenos Aires. Pero siquiera en la cama de sus padres dormía bien la pequeña niña rubia. Coqui la abrazaba para calmarla, pero Máxima no quería saber nada con él, y mucho menos con su madre. Sólo se dejaba alzar por María, su hermana de dieciséis años, que la cuidaba cuando Coqui y María Pame salían de noche.

—Se está volviendo una malcriada —protestaba la mamá.

—Che, ¿vos no estarás embarazada? Mirá que los chicos perciben estas cosas.

Y así fue… Con sus rabietas, Máxima lo había anunciado. Siete meses más tarde nació Martín, su primer hermano varón. Era tan bueno, que casi pasaba desapercibido. A pesar de ser quien aseguraría la continuidad del apellido Zorreguieta, no logró romper ese amor casi crónico que Coqui tenía por su hijita. Ella siguió siendo el centro de la casa, la mimada de su padre, de sus abuelos y de sus tíos de Pergamino. De hecho, con el paso del tiempo, la futura reina de Holanda comenzó a advertir esa desigualdad. Se sentía halagada, pero también culposa. En compensación, optó por ser ella quien mimara a Martín. Se apegó tanto a su hermano que se convirtieron en un dúo inseparable. Aún hoy, más allá de la distancia, esa relación fraternal es tan fuerte como entonces.

A medida que los niños crecían, la vida de la familia Zorreguieta iba tomando carriles más insólitos. En realidad, siempre llevaron un estilo de vida que es bastante usual entre las familias de la aristocracia vernácula venidas a menos, donde, más que tener dinero, lo importante es aparentar que se lo tiene. Pero, a diferencia de las grandes familias argentinas, los Zorreguieta nunca antes pertenecieron a ese grupo de los apellidos patricios. Coqui y María Pame siempre tuvieron que hacer enormes esfuerzos para sostener una economía hogareña demasiado costosa para los magros ingresos familiares. Los niños fueron a los colegios más costosos del país; cada invierno la familia completa iba a esquiar a Bariloche, donde Coqui mantenía una cabaña con sudor y lágrimas; veraneaban cada enero en Mar del Plata, Miramar o en la exclusiva Punta del Este; tenían una pequeña tropilla de caballos en Pergamino, para que los chicos aprendieran a montar y a taquear; vivían en una zona de la Capital que por entonces era muy cotizada. Sin embargo, los ingresos familiares no eran tan importantes: Coqui tenía un tercio de la agencia despachante de aduana y María Pame había dejado de ser su secretaria con el primer embarazo. Él no recibía tampoco ninguna renta rural ni tenía sueldo alguno en sus funciones gremiales, que sí le servían para posicionarse y darse a conocer entre los medianos y grandes propietarios de campo. En definitiva, se trataba de una típica familia de clase media que representaba pertenecer a la clase alta porteña.

En la intimidad del hogar, por eso, se respiraban aires de austeridad. Tenían mucama cama adentro, impecablemente vestida en Casa Leonor, pero no contaban con niñera ni cocinera, como era bastante habitual entre las familias pudientes de Recoleta en los años 70. Estaban siempre bien vestidos, aunque los niños llevaban ropa cosida a mano por Tatila o por la propia Marta López Gil, competente modista de ratos libres. No cambiaron la rural Fiat 1500 durante una década, y cuando iban a Bariloche Coqui aprovechaba la larguísima bajada de Somuncura para poner el auto en punto muerto y ahorrar un poco de nafta. Al comenzar el colegio, Máxima llevaba su propia vianda y comía sola bajo un árbol en el jardín de Northlands. Cada fin de mes, Coqui debía hacer malabarismos para pagar las cuentas y llenar la heladera. Ganó por eso fama de "tacaño". "En el único lugar donde hay que sacar primero la billetera es en el Oeste, porque si no te matan", era su frase de cabecera. Un primo certifica: "A Jorge, cuando vamos toda la familia junta a un restaurant, a la hora de pagar, para sacarle guita hay que operarlo".

La casa de Villa Catedral, por caso, le daba demasiados dolores de cabeza y sólo la usaban veinte días al año. Era una vivienda simple, pero de mantenimiento continuo. Cada vez que el casero le pedía fondos para algún nuevo arreglo, Zorreguieta bromeaba: "Me sale más barato quemarla". Por eso, cuando el enorme incendio provocado por la sequía del verano del 99 alcanzó la base del Catedral y quemó la casa, Coqui se puso más feliz de lo que llegó a angustiarse: el seguro le pagó 180 mil pesos por destrucción total y vendió el lote en 75 mil dólares.

Cuando los chicos crecieron y María Pame se sintió más segura, volvió a trabajar, y eso alivió un poco la siempre sufriente billetera de Zorreguieta. Gracias a los fluidos contactos que tenía la pareja entre varios empresarios importantes, no le costó casi nada conseguir un buen empleo en la sede administrativa de La Anónima, la cadena de supermercados líder en la Patagonia. María Freixas, la esposa del principal accionista, Federico Braun Seeber, es todavía hoy amiga íntima de María Pame. Braun Seeber también es el desarrollador del country Los Pingüinos, en Campo de Mayo, donde Máxima —ya siendo princesa— les regaló una casa de fin de semana a sus padres.

Máxima Zorreguieta comenzó su escolaridad a los cuatro años en el Maryland, un exclusivo jardín de infantes de Palermo Viejo que elegían los padres que aspiraban a que sus hijos ingresaran al prestigioso colegio Northlands, porque ofrecía una muy buena base de inglés. Allí conoció a Valeria Delger, Samantha Deane y Florencia Di Cocco. Con ellas cursó también todo el primario y el secundario, y aún hoy mantienen una amistad a prueba de príncipes y largas distancias.

Nunca olvidará su primer día en el Northlands. El viaje desde Barrio Norte hasta Olivos le pareció un poco largo, como si estuviera yendo al campo. Fue calladita, pensando en lo que le esperaba. Sus padres, adelante, hablaban sobre el colegio. Para ellos, que su hija hubiera aprobado el examen de inglés y el pedagógico, condición *sine qua non* para ingresar, ya era motivo de orgullo. La cuota resultaba altísima, el Northlands es uno de los tres colegios más caros de la Argentina, pero sentían que valía la pena el esfuerzo. Ese lugar definiría su vida; de hecho, en una de esas aulas, once años más tarde conocería a la chica que le presentó a Willem Alexander, el príncipe heredero de Holanda.

Maxi se formó con sus compañeritas en el patio del colegio. Por ser la más alta, la preceptora la ubicó detrás de Josefina Meilán Puyuelo —quien algún día sería su compañera de banco—, en el último lugar de la hilera. Se lo dijo en inglés, como le dirían todo de ahí en adelante, hasta el último día del secundario. "Okey, Miss. I am just going", le respondió segura, exagerando su incipiente pronunciación británica. Se sentía importante, le gustaba resaltar entre tantas chicas lindas. Y estaba fascinada con el uniforme: pollera escocesa en tonos rojos y verdes, camisa blanca y suéter verde de escote en V. Se miraba las medias; su mamá le había dicho que para estar elegante debía mantener las medias altas. Coqui le hacía señas para que se sacara la mochila de Heidi. Pero Máxima dibujó un no rotundo con su cabeza. El padre no insistió; sabía muy bien que su hija había esperado todo el verano para lucirla. Luego se distrajo con otra cosa: tratando de descifrar cuál de todas las maestras que la rodeaban sería la suya.

La bandera argentina recorrió veloz el mástil lustroso. Era una bandera nuevita. Para Coqui, desde que había asumido como subsecretario de Agricultura del gobierno de Jorge Rafael Videla, esos trámites patrióticos ahora tenían más sentido. Por eso vigiló que su hija cantara el himno que él mismo le había enseñado.

El objetivo que compartían Jorge Zorreguieta y María del Carmen Cerruti era que su hija pudiera ingresar por la puerta principal en el mundo de los privilegios al cual ellos accedían siempre por la ventana. Un colegio de elite le garantizaría una buena educación, un título de bachiller internacional, un inglés exacto, inserción social y una red de pertenencia. El listado de apellidos de las compañeritas parecía un extracto del recóndito Libro Azul del abolengo porteño: Beccar Varela, Pereyra Iraola, Mitre, Anchorena, Sanjurjo, Blaquier, Cahen D'anvers, Cordero, Estrada, Santamarina, Solanas Pacheco, Estenssoro, Acevedo, Houssay, Hudson... El Northlands era, sin dudas, uno de esos exclusivos sitios donde la aristocracia local mandaba a educar a sus hijos.

El colegio fue fundado en 1920 por las maestras inglesas Winifred May Brightman y Mildred Ivy Slater. Miss Brightman había llegado al país seis años antes, como institutriz de la familia Haynes. Cuando los niños marcharon al extranjero a estudiar como pupilos, el padre, Albert Haynes, la alentó para que estableciese una escuela para la comunidad británica. La maestra aceptó el desafío y se asoció con su amiga, Miss Slater: juntas recibieron a dieciséis alumnos (trece mujeres y tres varones) en el lozano colegio inglés, mixto, pupilo y laico. Tres años más tarde, el Northlands dejó de recibir varones; ya se proyectaba internacionalmente como una de las más exclusivas escuelas de niñas de América del Sur. Su lema es bastante singular: amistad y servicio. En el escudo de la institución, una mano argentina toma una mano inglesa en compañerismo y apoyo, ambas enmarcadas por una espiga de trigo argentino y una pequeña rama de roble inglés.

En 1945, enferma, Slater le vendió su parte a Brightman, que siguió ejerciendo la dirección hasta 1960, con sus penetrantes ojos celestes, su estilo victoriano y su fuertemente arraigada convicción de que las elites tenían que recibir una educación de excelencia. Una alumna de aquellos buenos años recuerda que una maestra les inculcaba: "Chicas, ustedes van a ser las esposas de la clase dirigente". Y, en buena medida, eso tenía bastante de cierto. El colegio se especializaba en educar muy bien a unas niñas que luego ejercerían en su gran mayoría de madres y de amas de casa.

Máxima no fue una gran alumna durante el primario. Pero tampoco de las peores. Le costaban historia y geografía, pero se llevaba muy bien con las matemáticas y era una de las mejores en inglés; desde pequeña sintió atracción por los idiomas. Era una niña aplicada, responsable, aunque muy charlatana. "Era divina... pero imparable. En clase no dejaba de hablar", comenta una de las maestras que con más cariño recuerda la princesa. También la define como una chica extrovertida, líder en su grupo. Y siempre fue muy buena amiga. "No sé bien cuál fue la magia de esa generación, pero es increíble el grado de unión que tienen. Después de tantos años, siguen siendo todas grandes amigas", se enorgullece la maestra, que hoy dirige la primaria del Northlands. Esas amigas entrañables y duraderas, además de Samantha Deane, Florencia Di Cocco y Valeria Delger, son Tristana Macció, Carola Gil, Deborah Oppenheimer, Florencia Solanas Pacheco y Fernanda Sanjurjo. Chicas que, en su mayoría y a diferencia de ella, provenían de las familias más tradicionales de Buenos Aires. Máxima suele explicar que, para ella, el secreto de esa fraternidad es característico de los colegios exclusivos de mujeres. "Nunca nos peleábamos por los chicos", ejemplifica.

Había dos acontecimientos que atentaban especialmente contra su concentración: la víspera de su cumpleaños y la llegada del invierno. Su cabeza no podía quedarse en lo que pasaba en aquella aula. Poco le importaba qué había encontrado Colón cuando descubrió América. O con qué países limitaba la Argentina. Lo único que deseaba era que empezaran las vacaciones invernales para poder ir a la cabaña de Villa Catedral. Aprendió a esquiar de muy pequeña, y pronto se convirtió en una verdadera fanática, heredando esa pasión de su padre.

A los nueve años, el último día de colegio antes del receso de julio, salió del Northlands y no debió subirse al bus escolar, como lo hacía cada tarde para regresar a su casa; esta vez la estaban esperando sus padres y hermanos y las valijas hechas en el auto familiar. Desde Olivos partieron directamente a Bariloche. Allí esquió mucho con Coqui y Pame, o se encontraba con algunas de sus compañeras de la escuela. También tomó clases de esquí en el CUBA (Club Universitario Buenos Aires), que tenía una sede a pocos metros de su casa en la Villa. Ahí, en la vieja casona del CUBA, Máxima se enamoró por primera vez: un compañerito de las clases la tenía loca. No la dejaba dormir, la hacía más torpe sobre los esquís y se ponía colorada por cualquier tontería. Un día le tocó comer a su lado en el comedor, pero no se animó siquiera a hablarle. Nunca supo su nombre. Y tampoco lo volvió a ver: al invierno siguiente, el muchachito no tomó clases en el CUBA.

De chica le fascinaban los deportes. Solía representar al Northlands en los Sports, competencias de atletismo de las que participaban varios colegios privados de la zona norte del conurbano. A Maxi y a sus amigas les encantaba ir a estos eventos deportivos, porque les daba la posibilidad de relacionarse con chicas y —especialmente— con chicos de otros colegios. Al ser una escuela de señoritas, morían de amor por los atletas del Newman y del St. Andrew's.

Fue por entonces cuando María Pame comenzó a preocuparse por lo que mostraba la balanza de la farmacia Colón cada vez que se subía su hija. Si bien Máxima nunca fue una niña con sobrepeso, sí era bien robusta. De allí en más, la comida siempre fue un tema en la vida de la princesa, porque así se lo inculcó su madre. Solía someterla a dieta, y se enojaba con Coqui cuando regresaba a casa con regalos para su hija: bocaditos Bonafide rellenos de dulce de leche y las novelas en inglés de Sweet Valley, que Máxima también se devoraba.

—No es gracioso que coma de esa manera, no sé por qué la apañás. Si sigue así, va a terminar siendo una gordita.

—¿Cuál es el problema? Los chicos crecen y se estilizan.

Maxi no almorzaba casi nunca en el comedor del Northlands. María Pame, o mejor dicho la empleada doméstica de María Pame, le preparaba una vianda que la niña llevaba en un tupper. Su papá, también a escondidas, solía darle unos pesos para que se comprara un alfajor Jorgito en el quiosco del colegio.

Cuando Máxima tenía diez años, nació Juan, su segundo hermano varón. Ella no podía contener su felicidad, el colegio acusó recibo de la buena nueva. Estaba más verborrágica que nunca. Las notas en el cuaderno de comunicaciones sobre su distracción se convirtieron en una rutina durante las semanas siguientes. Lo único que deseaba era llegar rápido del Northlands para disfrutar de su hermanito. La empleada doméstica la esperaba en la puerta del edificio de Uriburu, Máxima bajaba corriendo del bus, la abrazaba y le daba un beso. Subían juntas en el ascensor.

—¿Y Juancito?

—No hagás ruido, Maxi, que está durmiendo.

Esperaba entonces a que despertara tomando chocolatada, comiendo vainillas y mirando la tele. Su programa favorito era *La familia Ingalls*. Decía que ella se parecía a Laura Ingalls.

La dictadura militar estaba llegando a su fin. Pero en casa de los Zorreguieta seguía sin hablarse de generales, de montoneros y, mucho menos, de desaparecidos. Alguna que otra vez, el tema prohibido se colaba en las aulas del Northlands. Cuatro egresadas del colegio, Estela, Diana, Beatriz y Marina Oesterheld, las hijas del famoso escritor e historietista Héctor Germán Oesterheld, creador de *El Eternauta*, habían desaparecido entre el 76 y el 77, al igual que su padre; así que los relatos de tragedia circulaban en sordina entre las docentes y alumnas más grandes. El drama de los desaparecidos también se convirtió en rumor durante un asado familiar en Pergamino, porque continuaba sin aparecer Luis Pujals, cuñado de Isidro Ruiz Moreno, amigo de los Cerruti. Aunque Máxima era una niña entrando en la pubertad que sólo se interesaba por jugar al elástico, disfrazar a las barbies que le traía Coqui de cada uno de sus viajes y escribir en su diario íntimo. En sus páginas se confesaba todos los días. Escribía sobre un chico del Yacht Club que le gustaba. Lo veía sólo los fines de semana, cuando Coqui la llevaba a su clase de Optimist. Por el Yacht andaban siempre sus primos mayores, Charlie y John Macall, hijos de Alina Zorreguieta. Máxima adoraba pasar las navidades en la casa que ellos tenían en el Boating Club de San Isidro. Su primo John —quince años mayor que ella— o a su abuela Chechi la acompañaban al parque a esperar que llegara Papá Noel. Máxima se quedaba paradita, con la mirada clavada en las estrellas. Estaba convencida de que, si se concentraba lo suficiente, el señor de barba blanca y traje colorado podría bajar del cielo y estacionar el trineo en la casa de su tía. Sólo el aviso de que la esperaban varios regalos en el arbolito lograba hacerla desistir de su espera.

Las fiestas continuaban en Pergamino. Los Zorreguieta se amontonaban en la rural y viajaban todos juntos por la ruta 8. El trayecto le llevaba a Coqui un par de horas, pero solía ser bastante divertido. Iban cantando o jugando a las adivinanzas. A veces, a mitad de camino, paraban a almorzar en Parada Robles, en el kilómetro 75.

A Máxima le encantaba la llegada a la casa de sus parientes: Carmenza y Tata, los tíos y los primos, hasta los perros de la familia, los esperaban en la tranquera. La costumbre era pasar el 31 en el campo de Tatila y Bochín, en General Urquiza, y luego cenaban en la casa de los Cerruti. Siempre había riquísimas comidas: uno de los lujos de pretendiente de aristócrata que se daba Carmenza era tener una cocinera. En Pergamino se reencontraba con sus primas Luciana y Cecilia, las hijas de Tatila; con Alejandro, María, Santiago y Francisco, los hijos de María Rita; con Carmen, Rodrigo y Rosario, los hijos del tío Jorge. En su rol de prima y hermana mayor, Máxima comandaba todas las actividades. A veces jugaban a Titanes en el Ring, haciendo lucha libre en un enorme charco de barro que se formaba durante la temporada de lluvias. Máxima peleaba tan fuerte como un varón. Otras veces jugaban a ser exploradores, y en las expediciones también participaba Angie, la perrita cocker de Tatila. Una vez, Máxima dejó olvidado su aparato de ortodoncia sobre una mesa y Angie se lo comió. Ella se puso contenta, pero María Pame, furiosa, la llevó al dentista para que se lo repusiera. Si no fuera por la obstinación de la madre, a Holanda podría faltarle hoy su sonrisa más famosa...

Durante esa tierna infancia, Máxima la pasaba mejor en Pergamino, jugando con sus primos y montando a caballo en el campo, que en Punta del Este, Miramar o Mar del Plata, los balnearios donde los Zorreguieta pasaban año tras año las vacaciones de verano. Cuando su sueldo o sus negocios se lo permitían, Coqui prefería marchar a Punta del Este. Cuando las cosas no iban tan bien, se quedaban en la costa atlántica argentina o ponían rumbo hacia Bariloche.

Para Máxima, Pergamino es sinónimo de felicidad. Dicen que el lugar preferido de uno es aquel donde mejor se la pasó en la infancia... Aunque nunca llevó allí a sus hijas, suele contarles a las princesitas aquellas historias del pueblo donde se sintió tan dichosa y tan libre. Incluso, en su memoria emparenta a Pergamino con los grandes acontecimientos de la historia reciente del país. Como si hubiese estado allí cuando comenzó la Guerra de las Malvinas en el 82, o cuando peronistas y radicales se lanzaron a la campaña presidencial un año después. Quizá porque era en los asados del campo cuando más se hablaba de política...

Sí se ubican en Buenos Aires sus recuerdos de la recuperación democrática. Ella suele contar que tiene bien presente la esperanza y el clima festivo que se vivía en la Argentina hacia finales del 83. El día que Raúl Alfonsín ganó las elecciones, su padre la llevó a la Plaza de Mayo. Coqui no era radical, pero sí un ferviente antiperonista; fue al acto alfonsinista más que nada por curiosidad. Al día siguiente no hubo clases en el Northlands. Y a la semana empezaron los exámenes de fin de año. Máxima terminó el primario con muy buenas calificaciones, los dientes derechitos, el peso apropiado. Justo al mismo tiempo en que los argentinos parían una difícil democracia, Máxima dejaba de ser una niña.

# Capítulo 3
## Tormentas de pubertad

—¡Cuando te cases, vas a entender lo difícil que es mantener a una familia!

Martín aún se ríe cuando recuerda aquel grito que María Pame le lanzó a su hija mayor durante aquel rumoroso viaje a Bariloche en el verano del 84. Los Zorreguieta, otra vez, iban en la vieja rural familiar, que poco se parecía —claro— a la carroza de oro que llevó a Máxima, tiempo después, hacia la boda con el heredero de un reino y de una fortuna calculada en 5.000 millones de dólares.

Quién lo diría…

Fue aquella su edad más difícil. Porque Máxima, más que vivir, sufrió su adolescencia. No se sentía linda —justo en esa edad en que todas las chicas quieren ser las más lindas—, tenía unos kilos de más, se llevaba insistentemente mal con su madre, pasaba de ataques de mal humor y furia a carcajadas irrefrenables, y empezaba a sufrir las desventajas económicas que su familia tenía con respecto a las familias más acaudaladas de sus compañeras del Northlands. De hecho, ese fue el detonante de aquella discusión generada en un auto que circulaba a cien kilómetros por hora por la ruta 3, rumbo a la Patagonia andina. Máxima, esa vez, quería ir a Punta del Este, porque allí pasarían las vacaciones sus amigas. El desafío que les significaba a esas *teenagers* ingresar al secundario había reforzado su amistad con lazos de hierro. Vale, Sam, Flo, Caro, Tris y Maxi… Ellas querían estar siempre juntas, hablando de chicos, imaginando su paso a la nueva etapa, jugando a las cartas, compartiendo las primeras salidas nocturnas. A Máxima hasta le daba un poco de celos que sus amigas pudieran hacer programas en Punta del Este que no la incluyeran.

Pero el auto de Coqui no iba hacia el norte. Iba hacia el sur.

—¿Por qué no vamos a Punta? —protestó Maxi, tan adolescente.

—¡Porque no tenemos plata! ¿Sabés lo caro que está Punta del Este? ¡Algún día vas a valorar los esfuerzos que hacemos por ustedes! —devolvió María Pame, y no se habló más del tema.

Coqui iba al volante. Su esposa en el asiento del acompañante. Detrás, Máxima, Martín y los pequeños Juan e Inés. La futura princesa se había puesto insoportable. Estaban subidos al auto desde las seis de la mañana, porque Coqui se empeñaba en llegar hasta Neuquén en la primera etapa del trayecto de 1700 kilómetros que separaba Buenos Aires de Bariloche. "Doce horas con el culo pegado al asiento", protestaba la hija mayor. Lo más duro de pasar era la Ruta del Desierto, en La Pampa: Zorreguieta le dio el volante a su mujer, que estaba más fresquita para hacer frente al aburrimiento de los doscientos kilómetros de recta absoluta en el medio de la nada: Máxima no podía siquiera jugar a buscarles formas a los árboles. Allí no había ningún árbol, apenas neneos achaparrados que cruzaban la ruta a la velocidad del viento.

—Me dieron el dato de un hotel bueno y barato —dijo Coqui.

Dos horas después, guió a su mujer hasta la entrada de una vieja casona en las afueras de Neuquén.

—¿Dónde nos trajiste? Esto no parece un hotel —susurró María Pame, para que no escucharan los chicos detrás.

—Dicen que está muy bien, no te preocupes.

Coqui bajó del auto. A través de una ligustrina vio el borde de un trampolín, sabía que a Máxima le iba a gustar ese lugar; con suerte se le pasaría el mal humor.

—¡Vamos al agua! El que llega último tiene una prenda —desafió Máxima a sus hermanos. Todos corrieron hacia la pileta para aprovechar la última hora de sol. Nadaron hasta que María Pame los llamó para cenar. Improvisaron una picada de fiambres y pan en una de las dos habitaciones.

Los grandes por un lado, los chicos por el otro. Eso le gustaba a Máxima, porque quedaba a cargo de la habitación de los hijos y la hacía sentir más adulta. Sentó a Inés en su falda y le leyó un cuento. "Vos, nene, ocupate de Juan", le dijo a Martín. Su hermano protestó: "Dejá de mandonear".

Al día siguiente salieron bien temprano, para encarar la segunda etapa del trayecto. Máxima miró desolada por la ventanilla cuando entraron a la Villa Catedral apenas pasado el mediodía. No había un alma, los postigos de las pocas casas estaban cerrados, los pastos de los jardines estaban crecidos; se preguntó quién cuidaría las flores de la capilla. En verano no había nadie.

Ni siquiera estaba abierto el hotel. Intuía que se aburriría hasta la muerte en ese páramo sin chicas ni chicos que no fueran sus hermanos. Al menos, esa cabaña de madera oscura y ese paisaje montañoso le traían buenos recuerdos.

Allí se quedaban cada invierno, cuando la Villa estaba a pleno, durante las tres semanas que tenía de vacaciones de julio en el Northlands. Esquiaba desde las diez de la mañana hasta las cinco de la tarde. Siendo un poco más grandecita, ya la dejaban ir a Punta Nevada, en lo alto del cerro, con sus amigas del colegio; ella era la que mejor esquiaba, aunque las otras chicas tenían siempre equipos flamantes. Máxima, en cambio, heredaba lo que no les entraba más a sus hermanas; los pantalones de María, los esquís de Ángeles o las botas de Dolores. Pero tenía un enterito rojo, con detalles en amarillo, que le encantaba.

Máxima había aprendido administrar sus pudores de hija de clase media entre tantas afortunadas. Mientras sus amigas se compraban hamburguesas y cocas en El Barrilete, uno de los paradores de la montaña, ella desenvolvía el sándwich de jamón y queso y el huevo duro que su mamá le guardaba dentro de la mochila. A veces, Maxi convencía a su grupo y almorzaban en el medio del bosque, fuera de pista, sentadas en la nieve.

A los quince y a los dieciséis años, cuando sus padres hicieron una buena diferencia alquilando la cabaña, la futura princesa pasó unas inolvidables vacaciones de esquí alojada en el CUBA; esquiaba toda la mañana con sus amigos y con un profesor, bajaban al club a almorzar comidas calientes y contundentes, volvían a subir a lo alto del cerro y regresaban a la villa al atardecer. Al final de la jornada, Máxima estaba tan agotada que le costaba horrores arrastrar los esquís desde la base hasta el club; eran los quinientos metros más largos del mundo.

Después de todo, ese verano del 84 no la pasó tan mal. Su padre siempre se las arreglaba para armar programas divertidos. Hicieron trekking por la montaña. Paseaban por Bariloche. Merendaban en algunas de las bellas casas de té cerca del Llao Llao... No tenían embarcación alguna, pero se la pasaban navegando en botes, lanchas o veleros de amigos, en el lago Gutiérrez, en el Nahuel Huapi, en el Steffen. A Coqui, de cualquier forma, se lo notaba un tanto cabizbajo. Mientras la mayoría de los argentinos estaba exultante con el regreso de la democracia, disfrutando de la nueva apertura y del fin de la censura, Zorreguieta advertía que se le venían tiempos difíciles: había quedado marcado como funcionario de la dictadura.

Aquellas fueron sus últimas vacaciones de verano en el Sur, hasta que —dos décadas después— volvió un enero junto al príncipe y la reina Beatrix. Pararon en Villa La Angostura, pero los lugares que más le gustaron a Willem Alexander fueron el caudaloso río Manso y el Steffen, aquel laguito escondido adonde ella iba de pequeña, camino a El Bolsón.

Los siguientes veranos de la adolescencia de Máxima transcurrieron entre Punta del Este y Lagoinha, en Florianópolis, Brasil. Coqui, con su notable capacidad para adecuarse a todos los tiempos, pronto recuperó terreno en los ámbitos gubernamentales y empresariales, y sus actividades de lobbysta del azúcar dieron resultados inesperados a sus jefes, los dueños de los grandes ingenios, que supieron recompensarlo. De repente, durante la gestión de Alfonsín, el modelo proteccionista amparó a esa industria como a ninguna, en parte gracias a la muñeca de Zorreguieta, que defendía el sistema a pesar de que iba en contra de las dinámicas neoliberales que él mismo había defendido toda su vida. Habrá sido por eso que pudieron pasar en familia unas muy lindas vacaciones en el Club Antares, de Lagoinha, junto a sus primos de Pergamino.

Máxima salía todas las noches. Fumaba a escondidas en la playa y tomaba caipirinha y tragos con jugo de maracuyá. Los padres le daban mucha libertad en Brasil. Aunque su madre siempre quería saber…

—¿Te vas a encontrar con algún chico?

—¡Ay, mamá! —respondió, casi molesta.

—¡Ni que fuera un pecado!

La madre tenía razón. Un chico argentino, también alojado en el Antares, le había robado un beso frente al mar. Fue aquel el primer amor correspondido de Máxima, a los trece, pronta a cumplir los catorce. Ella no recuerda ni el nombre. Pero el gustito salado de sus labios quedó en su memoria para siempre. No se animó a decirle a su pretendiente que, a pesar de la sal y de los nervios, el beso le había gustado.

Al año siguiente volvieron a Lagoinha, otra vez con los primos. Pero esta vez no alcanzó para el Antares y alquilaron dos casitas. En una se quedaron los padres y los tíos de Máxima. En la otra, a seis cuadras, los hermanitos Zorreguieta y los primos Cerruti.

A Carmenza se le había antojado que Máxima tenía que tener su fiesta de quince.

—Quiero que te vistas como una novia. Dame el gusto de verte de blanco, aunque sea para remediar lo que nunca hizo tu madre —le pidió, aprovechando la oportunidad para que María Pame sintiera el reproche.

—¿Que decís, Carmenza? Arreglate con tu hija si quedaron cosas pendientes.

Máxima era la típica adolescente. Contestaba mal, parecía siempre enojada. Pero nunca exageraba con la falta de respeto: sabía que Carmeza odiaba que la llamaran abuela, la hacía sentir muy vieja. Las fiestas de quince representaban el regalo soñado para muchas chicas de la clase media. Pero esa tradición no tenía aceptación posible entre las chicas del Northlands. "Es una grasada, Carmenza", terminó Máxima con las ilusiones de su abuela, que para entonces ya se había mudado con el doctor Cerruti a Buenos Aires y los visitaba muy seguido en el departamento de Uriburu.

El 17 de mayo de 1986, finalmente cumplió los quince. María Pame le sugirió que se pusiera un vestido. Como era previsible, Máxima se negó. Jamás se vestiría con algo que le recomendara su madre. Estaba cómoda con lo que tenía: una camisa azul, unos jeans y unas zapatillas negras. Ese sábado cenó pizza con doce amigas en el living de su casa, y cuando terminaron de comer, a las diez de la noche, se fueron todas juntas a la matinée de New York City. Esta era la discoteca de moda de los jóvenes porteños y el punto de encuentro de las *northlanders*, los chicos del St. Andrew's, del Newman y del Saint John. Habían debatido si ir a bailar a Puig Major, en

Cuba y Olazábal, o a In the Grove, en los bosques de Palermo. Pero finalmente Máxima decidió que no se movería de New York City. "Es mi cumple y elijo yo", les advirtió a sus amigas. Allí esperaba encontrarse con Martín Giesso, un chico que le gustaba. Martín, de una familia de empresarios textiles, fue una suerte de novio iniciático. Máxima pasaba a visitarlo por su casa en Guido y Callao, miraban tele, se divertían. Pero el encantamiento no duró mucho.

Por esas épocas, Máxima no era la más exitosa con los hombres. Estaba un poco gordita, y su cuerpo la avergonzaba. Aunque quienes la recuerdan en su adolescencia aseguran que ya era una chica luminosa y que, cuando lograba olvidarse un poco de su peso, era alegre y divertida. Su madre la presionaba en exceso: "Con la altura que tenés y con tu hermosa carita, si te pusieras a dieta podrías ser modelo", le decía.

—Dejate de joder, mamá —le devolvía.

Cada vez que María Pame le insistía con que hiciera régimen, Máxima no podía evitar sentir más hambre. A veces, cuando sus padres se dormían, iba a la heladera y se robaba el pote de dulce de leche. Lo comía acostada, en su cuarto, en silencio, y luego lo escondía bajo la cama.

No había día en que ellas no pelearan. María Pame amaba a sus hijos más que a nada en el mundo y admiraba la personalidad de Máxima: "Tiene algo especial, una luz diferente. Todo el mundo la adora", les aseguraba a sus amigas. Sin embargo, no podía evitar preocuparse por su sobrepeso. Creía que su hija sufriría mucho si no combatía su natural predisposición a engordar. Pero en esa lucha perdió toda sutileza. Y se puso tan rigurosa que su hija no lo soportaba. María Pame la sometía a estrictas dietas, que Máxima rompía armándose pequeñas reservas de dulces en su placard.

Coqui defendía a su niña, por supuesto. "Estás exagerando. Máxima está divina", le repetía. Su esposa no podía con su genio. A pesar de que se había jurado educar a sus hijos de una manera más flexible, no logró evitar esas normas severas que heredó de Carmenza. La madre de Máxima fue criada por una mujer tan noble como autoritaria. Su educación se basó en la disciplina y las buenas formas. Quizás por esta razón la mirada de los demás tenía tanta importancia.

"Qué va a decir la gente", era la frase de cabecera de María del Carmen Carricart de Cerruti.


Otra de las tretas de María Pame para que su hija cuidara su cuerpo era incitarla a que hiciera deportes. Pero bastaba con que se lo pidiera para que Máxima quisiera quedarse quieta. El Northlands es un colegio muy competitivo, donde se les da mucha importancia a las disciplinas deportivas y que siempre se destaca en las jornadas de Sports entre colegios ingleses o en los intercolegiales de Zona Norte. De aquella camada se destacaron los equipos de atletismo, cross country, hockey, softball, natación y tenis. Vencían muy seguido a las chicas del Saint Catherine's, del Michael Ham, del St. Andrew's, del Belgrano Day School, del Sworn y del Washington. El único team que perdía más de lo que ganaba era el de voley. ¿La capitana? Máxima Zorreguieta. La futura princesa dejó a las autoridades del colegio una queja por escrito: "Considerando que el voley es un juego relativamente nuevo en el Northlands, nos fue bien y en el futuro nos irá mejor. Pero nadie se lo toma demasiado en serio por ahora. El voley necesita más apoyo". Mrs. Leclerq, la profesora, la alentaba vagamente: "Estamos por el buen camino, ya que este año perdimos menos partidos que el año pasado". Ese 88 participaron en varias competencias. Incluso fueron a jugar un par de partidos a Rosario; perdieron por goleada, pero se divirtieron muchísimo.

Las chicas que más viajaban eran las de hockey, que jugaron torneos en Chile y en Uruguay. Como a Maxi le gustaba viajar, probó un poco con el taco y la bocha. Pero era el deporte más popular del colegio: trescientas alumnas lo practicaban. Y aunque la capitana era su amiguísima Florencia Di Cocco, resultaba muy difícil destacarse entre tantas. El hockey es toda una tradición en el Northlands, que hasta aportó jugadoras a Las Leonas, el seleccionado argentino de mujeres. En definitiva, a Máxima no le gustaba tanto... había que correr demasiado. Sí participaba en el equipo de atletismo que capitaneaba Carola Galante; era bastante buena en las especialidades de jabalina y bala. La natación le encantaba, pero no le agradaba nadar en el colegio. Sentía pudor cada vez que se ponía el traje de baño y se miraba en el espejo del vestuario. Sólo lograba eludir esos momentos con un "presente I", que significaba que la alumna tenía el período menstrual, excusa perfecta para zafar de las clases de natación. Las mañanas de sábado en el campus de Tortuguitas también podían ser para ella una tortura; le resultaba mucho más interesante ratearse y quedarse en la Shell de Olivos, el *meeting point* donde se juntaban las menos deportistas a tomar capuccino.

Máxima, sin embargo, aportó valiosos puntos a lo largo de todo el secundario para su equipo Cavell en las competencias interhouses. Las actividades interhouses suman otras disciplinas —además de los deportes—, como teatro, música, poesía y torneos de cultura general. La capitana general de su house era, cuándo no, la aventajada Flor Di Cocco. La vicecapitana académica era Cristina "Tina" Roberts y la vicecapitana deportiva era Agustina "Agus" Llorens. Maxi no sobresalía en ninguna de las disciplinas, pero aportaba regularidad en todas; hizo un muy buen papel en cultura general y en las competencias de matemáticas, donde vencieron a las otras houses: Fry, Nightingale y Keller.

Fue una alumna destacada durante el secundario. Nunca se llevó materias y era una chica aplicada y estudiosa. Pero siempre fue la rebelde del grupo. Era una de las que organizaba las rateadas grupales, la que ideaba las bromas más pesadas. Su comportamiento festivo a veces saturaba a las formales maestras inglesas. De un repentino ataque de furia surgió una frase de *spanglish* que la profe Elsa "Miss Gonchi" González le gritó en el patio y que pasó a la historia: "It isn't that I don't banc you, Máxima". También era ella, claro, la que planeaba las salidas del fin de semana. Conseguía los datos de donde se harían las mejores fiestas y su departamento de Uriburu solía ser el centro de reunión previo a la recorrida de los sábados por las discotecas. Cuando cumplió dieciséis, Coqui y María Pame dejaron de insistirle para que fuera con la familia a Pergamino, y le permitían quedarse en Buenos Aires.

Un domingo, a la vuelta de una visita a los Marín Moreno en
General Gelly, Jorge y María del Carmen convocaron a una cena
(aunque ellos jamás dirían cena, sino comida) en el departamento
de Uriburu. Estaban todos los chicos, incluidos María, Ángeles y
Dolores, la tía Marcela, Carmenza y el Tata Cerruti. Tenían un
anuncio importante que hacerles.

—¿No estarás embarazada de nuevo? Vos ya estás grande y tu
marido va a parecer el abuelo —abrió el juego Carmenza, apenas
se sentó en el living de su hija. A Máxima la hacía reír esa ironía
que la edad había potenciado.

—Nos vamos a casar —dijo solemne Coqui.

En realidad, a la abuela ya no le quedaban dudas de que su
yerno era digno de merecer a su hija, así que esa grata sorpresa fue
una yapa. Coqui se le acercó y bromeó:

—Carmenza, ahora sí, ya estoy listo para el matrimonio.

Un año antes habían sancionado la ley de divorcio, que produjo el primer gran debate de la sociedad en democracia. El presidente Raúl Alfonsín debió ponerse al frente de la propuesta para lograr
que saliera adelante, porque la Iglesia católica y los sectores más
conservadores le hicieron una fortísima oposición. Era extraño
porque Coqui y María Pame, si su situación particular hubiese sido
otra, seguramente habrían estado en la vereda de enfrente de la ley
de divorcio. Muchas de las amigas de Recoleta hablaban pestes del
proyecto delante de ellos, desconociendo que no estaban casados
legalmente. Ahora, aprovecharían la aprobación parlamentaria para
cumplir el viejo sueño y darle el gusto a la pobre Carmenza.

—Su padre me provocó úlceras cuando se llevó a mi chiquita. A ustedes ni se les ocurra hacer lo mismo cuando sean grandes, porque, si estoy muerta, resucito y me encargo de enderezarlos —les dijo a sus nietos, entre lágrimas.

Así fue: Carmenza lloró de felicidad. No veía entrar de blanco a su hija, como había soñado, pero al menos María Pame dejaría de ser soltera ante la ley argentina. Luego de hacer el anuncio, Coqui dramatizó la escena: se arrodilló frente a su futura esposa y le extendió un anillo. Máxima se emocionó tanto como su abuela viendo a su padre, de casi sesenta años, pidiendo la mano de su madre. Nada podía ser más extraño y, a la vez, más romántico.

A mediados del 87, Jorge Zorreguieta y María del Carmen Cerruti se casaron en el registro civil de la calle Uruguay ante la presencia de sus hijos y de unos pocos parientes. Máxima repartió el arroz para la tradicional lluvia.


El oasis familiar no duró demasiado. Al volver de una luna de miel de un par de semanas, durante las cuales confiaron en Maxi para que se quedara a cargo de la casa y de sus hermanos —con la asistencia de la empleada doméstica, de Carmenza y de Marcela—, los padres se enteraron de que su hija estaba de novia con un tal Tiziano Iachetti, un muchacho de veintitrés años. María Pame se puso furiosa, y quiso saber si ese "hombre" había entrado en su casa cuando ellos no estaban. Esta vez, Coqui no salió a defender a su hija. Para él, seguía siendo su "nena", y le horrorizaba pensar en lo que pudiera haber hecho esa pareja en el cuarto cuando no había nadie.

En realidad, el noviazgo ya llevaba unos meses, pero Máxima —sabiendo que la diferencia de edad provocaría una interminable polémica— prefirió mantenerlo en secreto. Los fines de semana, lo veía por las noches; durante los días de semana, mantenían largas conversaciones telefónicas. Pero poco a poco la relación se fue afianzando y volviéndose más seria. La desaprobación de sus padres, más que persuadirla a cortar, la decidió a apostar todo por ese chico que era tanto más grande, pero que no se notaba. Le encantaba, era apuesto y alto, del tipo latino. ¡Y a Tiziano le gustaba el arte! Esa sí era toda una novedad en la vida de la adolescente del Northlands, donde poco se aprendía de pintura o artes plásticas.

Tiziano empezó a tener la culpa de todo: era el responsable de que ella fumara, era quien le convidaba alcohol los sábados a la noche, era por él que ella llegaba a casa tan tarde sin avisar… La relación de Máxima y María Pame pasaba por su peor momento.

—¡Te lleva siete años!

—¡Y papá a vos te lleva quince!

Los fines de semana de Máxima parecían no terminar nunca. Le gustaba la noche tanto como el dulce de leche. Y aunque era una chica que se portaba bien, regresaba con la madrugada; y los sábados y domingos se despertaba recién al mediodía. Los lunes a la mañana, apenas María Pame abría la puerta de su habitación, comenzaba la batalla de todas las semanas. La ropa revuelta sobre la cama, algún paquete de cigarrillos mal escondido y piezas del uniforme escolar que no aparecían.

—Vamos, levantate que ya es tarde. En diez minutos pasa el bus y vos seguís durmiendo. Si llega y no estás lista, te tomás el 60. No pienso mandarte en taxi —le gritó María Pame.

—Tengo sueño, mamá, quiero faltar.

María Pame exageraba… Sus amigas con hijas de la misma edad se lo decían. "Maxi es una princesa. Llega tarde a la noche, sí, como todas, pero se porta bien. ¡No sabés lo que son las chicas de su edad!", le avisaban. Pero la madre sentía que no podía con ella. Que fuera tan desordenada y tan poco cuidadosa con sus pertenencias la enfurecía.

—¿¡Por qué nunca me dejás en paz?! Siempre estás encima mío —le recriminaba Máxima.

Por momentos María Pame se desesperaba. ¿Cómo explicarle a una adolescente malcriada que tenía pánico de que terminara siendo sólo una mujer sin más cualidades que la simpatía? Estaba convencida de que su hija tenía un talento especial, pero que no lo aprovechaba. Sin que ella lo supiera, el carácter y el destino de Máxima ya se iban forjando. Su afinidad con la economía fue el primer eslabón de la cadena que algún día la llevaría a Nueva York y otro día a La Haya. En el último año del secundario, cuando Danila Terragno —hija del ex ministro y senador radical— le pidió que le escribiera su "testamento" del colegio para el anuario, Máxima anotó, con tan sólo diecisiete años: *"my devotion for economics to G.S. Stanlake"*.[1] Para entonces, ya había comenzado el curso de

---

[1] Profesor y economista. Autor de *Introducción a la Macroeconomía*, libro que formaba parte del programa de quinto año del colegio Northlands.

ingreso a la Facultad de Economía de la Universidad Católica Argentina.

La promoción 88 no pudo realizar su viaje de egresados a Europa, como lo hicieran las generaciones anteriores. La Argentina pasaba por una de sus tantas crisis, con hiperinflación y saqueos a los supermercados incluidos. A Dios gracias las *northlanders* habían reunido los fondos suficientes para llegar a Bariloche, en un ómnibus que se demoró veintidós horas. Pararon en el hotel Colonial, de una estrella, pero que quedaba en pleno centro de la ciudad. Esquiaron tres días con un profesor del Mountain Club. Al regresar del cerro, tomaban licuados y comían panqueques en un bar que quedaba junto al hotel, el Bar y Leche. Luego dormían una siesta tardía. Y a la noche, después de cenar, salían de ronda: Grisú, Cerebro, By Pass, Paladium... En Paladium, justamente, la futura princesa descubrió un trago que le encantaba y que tomó todas las noches barilochenses: el Alexander.

En ese viaje se hizo una nueva amiga, Cynthia Kaufmann, una rubia hermosa que había ingresado al colegio poco tiempo antes. Cynthia, como toda recién llegada, tuvo que pagar derecho de piso. Sus compañeras comentaban que era judía, y se decía que su padre se había hecho rico vendiendo armas. A Máxima poco le importaron esas tonterías: Cynthia esquiaba bien y era muy divertida. Ocho años después se reencontrarían en Nueva York, donde fortalecieron su amistad.

Al regresar de Bariloche, comenzaron los preparativos para la ceremonia de graduación. Máxima inició una nueva dieta por sí misma: quería llegar más delgada al gran día. La última semana fue tremendamente emotiva. Sam, Vale, Flor, Maxi... No podían dejar de abrazarse, de reírse, de llorar, de prometerse que la amistad que habían forjado a lo largo de doce años se extendería y se fortalecería fuera de las aulas del Northlands. El 10 de diciembre de 1988, vistiendo toga y birrete, fue la última en recibir el diploma de *International Bachelor* que le permitiría ingresar a cualquier universidad del mundo.

¿Qué sería de su vida?

La mayoría de las chicas habían dejado algunas pistas en el anuario que se repartió ese día, donde se les preguntaba sobre sus ambiciones para el futuro. Florencia Di Cocco respondió: "Trabajar en mi kindergarten". Samantha Deane respondió: "Estudiar en Oxford, trabajar en la ONU".

Máxima parece haber intuido, de alguna forma, todo lo que se venía. Ella simplemente escribió: *"Too many to explain"*.

## Capítulo 4
## El llanto de Coqui

*E* s una excelente suite; de hecho la mejor en la que estuvieron en su vida. Enorme, empapelada con motivos florales que combinan con los sillones, el acolchado de la cama king size y las alfombras. Desde allí, sentados en el mullido sillón crema con estampados rosas y verdes, Coqui Zorreguieta y María Pame Cerruti siguieron la boda de su hija; el brazo de él cruzado sobre los hombros de ella, las lágrimas de ella cayendo sobre los hombros de él, las lágrimas de él resistiéndose a salir. A Coqui le costó encontrar la tele de 29 pulgadas, escondida dentro de un bargueño victoriano de madera oscura. Frente al bargueño hay una dormilona verde agua y un escritorio blanco del siglo XVIII donde tantas veces se sentó María Pame durante esos días de enero de 2002 para escribirle una carta interminable a Máxima; las cosas importantes, a María Pame le gusta decirlas por carta. Más allá, el living iluminado por un enorme ventanal que da a Green Park: dos sillones individuales, un esquinero con un jarrón repleto de tulipanes holandeses, una mesa ratona torneada, un hogar de mármol veteado, un enorme espejo de marco dorado. Los tulipanes los mandó la reina.

No ocuparon la mejor suite del Ritz de Londres, claro está. Pero es una excelente suite. Sin embargo, en nada puede compararse con el palacio brillante que Coqui y María Pame estaban viendo por TV. A 370 kilómetros de allí, en el Beurs van Berlage de Ámsterdam, su hija Máxima se casaba con el príncipe Willem Alexander. Y ellos, impedidos de participar de la boda, tristes, solos, un poco resentidos, tuvieron que seguir la ceremonia en vivo y en directo por la tele, como otros novecientos millones de mortales comunes alrededor del mundo.

Habían tenido otras tres alternativas. La colectividad y la embajada holandesa en la Argentina organizaron una fiesta para festejar el casamiento de su príncipe en el Palacio Sans Souci, en Victoria, al norte de Buenos Aires. Willem Alexander les ofreció su castillo de La Haya, para que estuvieran lo más cerca posible del lugar de la ceremonia. Pero la reina Beatrix se negó rotundamente cuando se enteró de la idea; le pareció una provocación estúpida al Parlamento. Fue la propia soberna, finalmente, quien encontró la solución: cuando supo que los Zorreguieta habían optado por pasar el mal momento en el departamento londinense que les ofrecía Samantha Deane, les reservó sin siquiera consultarlos la Park Suite del Ritz. Máxima no se hubiera animado a contradecir a su suegra. Aunque igual le pareció la mejor alternativa. Para ella, por algún motivo, era más tranquilizador saber que sus padres estaban en algún sitio de Europa antes que en la lejana casa porteña; el Ritz, creía, les brindaría la seguridad y la intimidad necesarias, y mantendría a raya a los paparazzi. La pareja les prometió, además, que apenas casados se encontrarían con ellos en Saint Moritz, Suiza, para un festejo privado.

¿Por qué no pudieron Coqui y María Pame estar presentes en la boda de Máxima?

La respuesta hay que buscarla 26 años, 9 meses y 24 días antes del casamiento real: el 9 de abril de 1976, Jorge Horacio Zorreguieta, Coqui, para orgullo de Carmenza, había jurado como subsecretario de Agricultura de Jorge Rafael Videla, el dictador más sanguinario de la historia de América Latina y primer presidente de un gobierno militar al que se le atribuyen treinta mil desaparecidos. El día de la boda, la iglesia y el palacio estaban decorados con treinta mil flores. ¿Una simple coincidencia?

No habían pasado siquiera veinte días desde el momento en que se hizo público el noviazgo entre Máxima y Willem Alexander cuando los medios holandeses divulgaron que el padre de la novia había sido un funcionario de Videla. La tarde en que Coqui leyó en el diario *La Nación* que en Holanda se había desatado una polémica alrededor suyo, comprendió que estaba metido en un nuevo problema, o lo que era peor: había metido en un serio problema a su hija. La llamó de inmediato a su celular, a Nueva York, y aun antes de saludarla, le dijo una palabra trascendental:

—Perdón.

Máxima le respondió que no había nada que perdonar. Que no había por qué dar explicaciones. Sus primeras sensaciones le decían que no era más que una campaña de los antimonárquicos en contra de su flamante novio. Todavía no conocía nada de ese país del cual sería princesa, pero algo de las "reiteradas campañas contra el reino" ya le había contado Willem Alexander. Para ella, en ese entonces, su padre no tenía ningún motivo por el cual pedir perdón. Máxima recién registró la brutalidad de la dictadura militar cuando esos hechos del pasado amenazaron su propia felicidad. No era una cuestión de egoísmos: ella, como tantos jóvenes de clase media argentina, había vivido en una suerte de burbuja donde no se habló de política durante los años del régimen. Por eso, Máxima, al igual que su madre, seguía repitiendo las pocas palabras que le había escuchado a Coqui: que el gobierno militar ganó una guerra contra la guerrilla marxista y que como en toda guerra hubo muertos y excesos.

Esta idea de los Zorreguieta se vio reflejada incluso en unas desatinadas declaraciones públicas del mismísimo príncipe, que reiteró otro de los conceptos míticos de quienes apoyaron al régimen militar: el no reconocimiento de los desaparecidos. En un programa de televisión de la cadena estatal holandesa Ned 2, el veterano conductor Paul Witteman le preguntó a Willem Alexander si había hablado con su suegro acerca de las desapariciones. La respuesta fue asombrosa: "Sí, le pregunté. Y él me dijo que había escuchado hablar de tres desaparecidos que después aparecieron. ¿Cómo iba a imaginar él que otra gente jamás regresó?".

Lo cierto es que, más allá de ese polémico pasado familiar, Máxima reflexionó mucho sobre el asunto durante los años de noviazgo real, asumiendo en privado posiciones más progresistas y de condena a la dictadura. Sus amigos cuentan que ese cambio se ha hecho bastante evidente. "Leía todo lo que se le cruzaba referente a los años del Proceso. Quería entender mejor lo que pasó, quería enterarse", cuenta una ex compañera de la Universidad Católica. Al principio, Máxima seguía con bronca y amargura los informes periodísticos que contaban sobre Videla y los desaparecidos durante el gobierno del que formó parte su padre. Pero en algún momento empezó a cuestionarse sus viejos dogmas: no podían estar inventado también en Europa tanta basura, tanta maldad. De un día para otro, empezó a hablar de política, a hacerse preguntas sorprendentes: ¿por qué murieron tantos de un lado y tan pocos del otro? ¿Por qué hay desaparecidos de apenas quince o dieciséis años? ¿Podían ser ellos unos enemigos tan despiadados para que no hubiera otra alternativa que masacrarlos? La chica que había sido criada en una burbuja siguió de cerca incluso todo el proceso judicial desarrollado contra varios ex jefes militares por el secuestro de bebés. La compañera universitaria cuenta que en los mails que intercambiaban, Máxima se mostraba conmovida con la historia de esos chicos, un poco más jóvenes que ella, que recuperaban su identidad luego de vivir toda una vida de mentiras con sus apropiadores.

A mediados de 2006, Estela de Carlotto, presidenta de Abuelas de Plaza de Mayo, la entidad que busca a los hijos de desaparecidos secuestrados y robados durante la última dictadura, recibió un llamado en su oficina. Era el embajador de Holanda en Buenos Aires, para contarle que Máxima estaba muy interesada en conocerla. Un mes después se concretó el encuentro, en una sala de la embajada. "Fue una reunión muy positiva. Porque demostró que el tema de la violación a los derechos humanos no le es indiferente. Tiene mucha sensibilidad, y me pareció muy inteligente, mucho más ligada a la Argentina de lo que imaginaba", recuerda Carlotto. La princesa estaba muy emocionada con el trabajo de Abuelas. No hubo nada de protocolo; Estela de Carlotto y Rosa Tarlovsky de Roisinblit, vicepresidenta de la asociación que también participó de la entrevista, se sintieron tan cómodas que terminaron tuteándola. Máxima ofreció su ayuda para lo que fuera y quedaron en volver a encontrarse para diagramar alguna forma de trabajo conjunta.

Coqui acompañó el proceso de conversión de su hija en silencio, con respeto. Por más que nunca reconocería treinta mil desparecidos, él era plenamente consciente de que había formado parte de un gobierno criminal.

Zorreguieta desempeñó, desde 1960, diversos cargos en varias organizaciones patronales del campo. Pero fue su paso por tres puestos clave donde se formó como uno de los principales guardianes de los intereses terratenientes. Fue tesorero de la ultraconservadora Acción Coordinadora de las Instituciones Empresarias Libres (ACIEL), donde construyó fuertes vínculos con los representantes más notorios del establishment económico y financiero, incluido el propio Martínez de Hoz. Fue presidente de la Comisión Coordinadora de Entidades Agropecuarias, entidad que aglutinaba a las principales organizaciones agrícolas. Y, finalmente, en septiembre del 75, fue nombrado secretario-director de la poderosa Sociedad Rural Argentina, cargo que lo catapultó al gabinete de Videla.

Fue justamente durante ese breve período entre el ascenso a secretario-director de la Sociedad Rural hasta el día en que tomó juramento como subsecretario de Agricultura cuando Zorreguieta tuvo su más enérgica incursión como activista político. Durante esos ocho meses, se alejó de su rol de tecnócrata y asumió posiciones más riesgosas, mostrándose como un severo crítico y decidido opositor del gobierno.

Participó de varios de los encuentros clandestinos del denominado "Club Azcuénaga", un grupo de militares y civiles de la derecha antiperonista, encabezado por el carismático general Federico de Álzaga, que se reunía en una casona de la calle Azcuénaga para conspirar contra la presidenta María Estela Martínez de Perón y elaborar el plan económico del futuro gobierno de facto. Zorreguieta lo negó en una carta dirigida a Michiel Baud[2]: "Debo dejar aclarado que no participé de ninguna manera en la preparación del golpe militar de 24 de marzo de 1976. El programa económico del Gobierno del Proceso fue formulado por un grupo de personas que se reunían en el llamado Club Azcuénaga, del cual yo no participaba. La parte correspondiente al Sector Agropecuario la redactó el Dr. Mario Cadenas Madariaga…". Sin embargo, su propio amigo Cadenas Madariaga lo desmiente: "No era el participante más activo, pero sorprendió con algunas de sus intervenciones".

---

[2] El historiador Michiel Baud es autor de *El padre de la novia* (Editorial del Gobierno de los Países Bajos - Fondo de Cultura Económica), el informe solicitado por el Ministerio de Asuntos Generales holandés acerca de los antecedentes de Jorge Zorreguieta y el contexto en que ejerció sus funciones durante el gobierno de Videla.

Previo al golpe, Coqui fue un operador clave en las maniobras empresarias de desestabilización, que incluyeron varios lockouts. En septiembre del 75, justo cuando él asumía como director-secretario de la SRA, las entidades del campo estuvieron once jornadas sin enviar carnes ni granos a los mercados. En octubre elevaron la apuesta con una huelga empresarial que duró dieciocho días. Zorreguieta también asistió a las reuniones de la Asamblea Permanente de Entidades Gremiales Empresarias (APEGE), donde se encargó de articular ese espacio multisectorial y participó en la organización del paro empresario del 16 de febrero del 76 que terminó de sellar la suerte del gobierno democrático. "En la APEGE dominaban los grupos ultraliberales de la Sociedad Rural; Zorreguieta estaba con ellos en esas reuniones", recuerda el empresario Osvaldo Cornide, presidente de la Confederación Argentina de la Mediana Empresa (CAME).

Tanto esfuerzo le valió un reconocimiento que no esperaba siquiera su familia. El 9 de abril Cadenas Madariaga, ya designado secretario de Agricultura de la Nación, le tomó juramento a Zorreguieta como subsecretario; también asumiría como presidente de la Junta Nacional de Granos, un ente público que arbitraba la exportación agropecuaria. Fue uno de los más aplaudidos esa mañana en el Salón Blanco de la Casa de Gobierno. Máxima no asistió al solemne acto. Pero sí participó esa noche de los festejos en el departamento de la calle Uriburu. La pequeña llevaba puesto un vestido de volados comprado especialmente para la ocasión; todavía no había cumplido cinco años, pero se colgó del cuello de su padre, feliz porque sabía que le había pasado algo bueno.

¿Qué fue lo que llevó a Coqui a actuar tan decididamente a favor del golpe? ¿Un convencimiento profundo de que era imprescindible finalizar de una vez con todas con la mala gestión de Isabelita? ¿O la convicción, tal vez conversada previamente con Cadenas Madariaga, de que esa participación activa sería debidamente recompensada? Lo cierto es que por entonces Jorge Rafael Videla tenía una excelente imagen en los sectores altos de la sociedad argentina, y ser uno de sus más importantes funcionarios era un honor mayúsculo para un dirigente de la Sociedad Rural. Aquellos fueron de los días más felices de su vida: los vecinos lo saludaban por la calle, lo homenajearon en la SR de Pergamino, y su suegra Carmenza, por fin, mandó a su cocinera a prepararle esa pastafrola casera que a él le gustaba tanto.

Pero el alto perfil duró lo que un suspiro. Apenas asumió su cargo, Zorrigueta abandonó sus pretensiones políticas. Es curioso de qué manera, desde entonces, logró mantener a lo largo de su trayectoria el foco en cuestiones técnicas y ejecutivas, dejando en el olvido ese período tan diligente que transcurrió desde finales del 75 hasta comienzos del 76. Durante los siete años de dictadura, no podrán encontrarse más que un par de declaraciones políticas suyas, a pesar de los altos cargos que ocupó.

Como señala Baud en *El padre de la novia*, "en un periodo saturado de declaraciones político-ideológicas y de posicionamientos políticos, Zorreguieta hablaba en público exclusivamente sobre cifras y datos técnicos". El silencio de Coqui sólo puede interpretarse como una elección deliberada. Consideró que la explicitación ideológica podía perjudicar la realización de su cometido.

En su casa la situación era similar: la política era un tema prohibido, como si fuera mala palabra. María Pame solía cortar por lo sano cuando Ángeles o María hacían alguna referencia política en las comidas familiares: "En la mesa no se habla de política".

A lo largo de los años del Proceso, Máxima y sus hermanos apenas podían tomar consciencia de que su padre era un alto funcionario público por las precauciones de seguridad que debían asumir. Un atentado terrorista de Montoneros movió, justamente, esos cimientos de recogimiento y tranquilidad. En la madrugada del 1 de agosto de 1978, una poderosa bomba explotó en el edificio donde vivía el vicealmirante Armando Lambruschini, jefe del Estado Mayor de la Armada, en Pacheco de Melo 1963. En la explosión —que despertó a los Zorreguieta, que vivían a pocas cuadras— murió Paula, la hija de quince años de Lambruschini. Desde entonces cambiaron algunas reglas en la casa, y los chicos perdieron libertad. Coqui y María Pame vivieron los siguientes meses atemorizados, preocupados por lo que pudiera pasarle a la pequeña Máxima, que tuvo que abandonar por varias semanas el bus escolar e ir al Northlands en un auto oficial acompañada por un custodio. María Pame le rogaba a su marido para que renunciara, porque tenía mucho miedo. Pero Zorreguieta respondía que eran momentos de poner el pecho por el país. Se movía, por las dudas, en un Ford Falcon verde, blindado, cuyo chofer no lo dejaba sentarse en el asiento de adelante.

—Estoy entrenado para disparar con el coche en movimiento. Incluso puedo tirar manejando el auto a alta velocidad marcha atrás. Pero necesito libre esa ventanilla por si nos atacan por la derecha.

A Zorreguieta, esos choferes de pelo corto y bigotes tupidos, entrenados en la SIDE, lo intimidaban un poco. Aunque se había convencido de que tal vez fueran necesarios.

El de Economía era el único de los ocho ministerios que estaba encabezado por civiles. Sus funcionarios tenían escasos contactos con la Junta Militar. Era Martínez de Hoz quien funcionaba de nexo con el poder central y sólo él concurría a las reuniones de gabinete. Los militares le dieron el manejo casi absoluto de la economía a ese grupo de colaboradores sin uniforme que en el esquema de gobierno representaban los intereses de los grupos más poderosos de la economía: la Sociedad Rural, las grandes asociaciones empresarias y la patria financiera. Pero, más allá de la autonomía puertas adentro del Ministerio, desconfiaban de los civiles y solían tomar las decisiones más traumáticas sin consultarlos.

Este esquema resultaba ideal para la forma en que Zorreguieta pretendía ejercer su cargo: con perfil bajísimo, representando a rajatabla los propósitos de la SRA. Bien pronto se acostumbró a dejar en manos de Martínez de Hoz la negociación de las cuestiones más duras de su área. Cuando surgían cuestiones políticas sensibles, pero que no correspondían a la órbita del ministro, Cadenas Madariaga y Zorreguieta recurrían a Federico Rousillón, capitán de la Marina, hombre de Emilio Massera y delegado de la Junta Militar en la Secretaría de Agricultura.

Coqui, que era el de mayor edad entre los funcionarios del Ministerio, tenía un fluido diálogo con Martínez de Hoz. Pero es posible —como él mismo lo afirma— que entre ellos sólo conversaran de cuestiones técnicas o administrativas. Quienes compartieron funciones con Zorreguieta en Economía aseguran que nunca lo escucharon hablar de política: mucho menos de la "guerra sucia" o de los desaparecidos. Cuando alguna de estas cuestiones surgía en las conversaciones de la mesa chica o en los murmullos de pasillo, el padre de Máxima se mantenía en silencio, como ausente. Sin embargo, esas mismas fuentes consultadas infieren que es muy poco probable que Coqui desconociera lo que estaba sucediendo en la calle: asesinatos masivos, desapariciones, persecuciones. La represión tenía ya forma de genocidio y, más allá de que los funcionarios civiles apoyaban el accionar de la Junta Militar, se hallaban inquietos y preocupados. "Estamos en una guerra subterránea, y en las guerras siempre hay caídos", les explicaba el ministro.

Jorge Zorreguieta se centraba exclusivamente en su misión estratégica. A pesar de no ser un gran ganadero ni propietario de un campo importante, los terratenientes de la Sociedad Rural lo habían elegido como uno de sus hombres en el gobierno, y él se mostraba agradecido y obediente con sus jefes ideológicos, orgulloso de haber sido admitido y encumbrado en el seno de la organización.

La Sociedad Rural se consideraba a sí misma como el guardián moral de la Nación, defensora oficial de las tradiciones y los valores familiares. Coqui solía repetir esos argumentos. Tal como lo describe Baud, "vivía en un mundo en el que las ideas ultraconservadoras iban acompañadas de una aversión a la oposición política, sobre todo el peronismo. Y en ese mundo se respetaban poco las reglas de juego democrático que se consideraban como la causa del caos político del país y como un obstáculo para la modernización". En ese mismo mundillo creció Máxima: aferrada con fuerza a los valores cristianos. Incluso la separación de Coqui de su anterior mujer y el matrimonio "sin papeles" con María Pame eran temas tabú en la familia. Los cuatro hijos de la pareja, Máxima, Martín, Juan e Inés, desconocieron hasta adolescentes que sus padres no se habían casado oficialmente; el concubinato no estaba bien visto entre las familias de alcurnia por aquellos años. Era mejor ocultarlo.

Cadenas Madariaga, jefe inmediato y amigo de Coqui, compartía esos pensamientos y esa forma de vida. Juntos, desde el golpe del 76, trabajaron en pos de los objetivos de la Sociedad Rural. Objetivos que el secretario, preocupado por la demora de la Junta Militar en profundizar la reforma, plasmó en un plan económico alternativo. Allí proponía: eliminar los impuestos a las exportaciones agropecuarias, reducir drásticamente el gasto público, privatizar la mayoría de las empresas del Estado y despedir a 250.000 empleados administrativos. "Construiremos una gran Nación, incluso si tenemos que oponernos a la gran mayoría de los argentinos", señaló Cadenas Madariaga en un discurso a finales de 1978.

El campo hacía sentir, a través de su secretario, su enorme capacidad de presión. La Sociedad Rural había sido un pilar fundamental en la planificación y ejecución del golpe; fue la aliada más importante de las Fuerzas Armadas, aportando ministros, secretarios y altos funcionarios; operó como una suerte de usina ideológica, generando programas de gobierno;

y hasta fue una obstinada defensora de la represión militar. Pero, por primera vez, el lobby agrícola mostraba cierta desilusión con el Proceso: el fisco seguía llevándose una parte de sus ganancias.

Esas fisuras con el gobierno militar desembocaron en la renuncia de dos compañeros de gabinete de Zorreguieta: Carlos Lanusse, subsecretario de Economía Agraria, y Alberto Mihura, subsecretario de Ganadería, también hombres de la Sociedad Rural. En marzo de 1979, luego de leer su plan económico alternativo, Martínez de Hoz también le pidió la renuncia a Cadenas Madariaga; el ministro no era ese tipo de personas a las que les gustaba que les dijeran lo que había que hacer. Zorreguieta, fiel a su estilo, conservó el bajo perfil.

En aquella misma reunión en que le pidió la renuncia, Martínez de Hoz le preguntó a un sorprendido Cadenas Madariaga:

—Mario, ¿puede seguir Jorge como secretario de Agricultura?

—Yo creo que sí. Deberías preguntarle a él.

Esa misma mañana, el ministro llamó a Coqui para ofrecerle el ascenso. Zorreguieta aceptó de inmediato, pero intentó acercar posiciones con el amigo que se iba y le dijo a Martínez de Hoz que él también estaba en desacuerdo con la tablita financiera que se había implementado como método para combatir la inflación. "La solución es privatizar las empresas del Estado y bajar el gasto público", opinó el padre de Máxima.

—Yo estoy de acuerdo con la privatización, pero los militares nunca van a aceptar eso —respondió el ministro, casi por compromiso.

Eso fue todo… Zorreguieta le prometió seguir los lineamientos generales de su antecesor y se comprometió a trabajar para achicar las diferencias que había mostrado la Sociedad Rural con el gobierno durante los últimos meses.

Cinco días más tarde, el 9 de abril de 1979, en un Salón Blanco colmado, José Alfredo Martínez de Hoz le tomó juramento a Jorge Horacio Zorreguieta como secretario de Agricultura, ante la atenta mirada del presidente de facto Jorge Rafael Videla. En primera fila, estaban Carmenza, María Pame y sus dos hijos mayores, Máxima y Martín. La niña tenía casi ocho años y escuchó a su padre jurar por "las leyes del país, aspirando a los objetivos de la Junta Militar". Ella no podía saber que bajo esas leyes y esos objetivos se incluía el decreto del 2 de junio de 1976 en el que quedaba estipulada explícitamente "la eliminación física" de los miembros de las organizaciones de izquierda.

La gestión de Zorreguieta como secretario de Agricultura de la Nación estuvo signada por dos hechos primordiales: la buena suerte y la venta de cereales a la Unión Soviética. Consiguió cerrar algunos buenos negocios, especialmente en Europa (incluyendo Holanda), y se concentró en posicionar al país entre los mayores productores de alimentos del mundo. Tuvo en esa tarea ayuda divina: lluvias constantes y moderadas, y buenas cosechas. Mientras fue subsecretario, de 1976 a 1979, se repitieron tres excelentes temporadas cerealeras, impulsadas por los altos precios en el mercado internacional y las óptimas condiciones climáticas en la pampa; durante el 80 y el 81 esas circunstancias ya no fueron tan favorables, pero Coqui pudo disfrutar de las mieles que dejó la seguidilla histórica. Sin embargo, no todo puede atribuírsele a la buena fortuna: Zorreguieta fue protagonista fundamental de uno de los acuerdos más rentables e insospechados que hizo la Argentina durante los años de la dictadura.

A principios de 1980, la URSS invadió Afganistán. Jimmy Carter, presidente de los Estados Unidos, organizó la resistencia y llamó a un embargo internacional de cereales contra su gran enemigo de la guerra fría. Canadá y Australia, los otros grandes productores, se plegaron, pero la Argentina, justo la Argentina, decidió mantener a los soviéticos dentro de su cartera de clientes. Mientras los jerarcas de la Junta Militar basaban su discurso del exterminio en la lucha contra el marxismo y el peligro rojo, Zorreguieta y Martínez de Hoz, también reconocidos anticomunistas, cerraron trato con Moscú, aun cuando eso significaba romper lanzas con los Estados Unidos. La no obediencia al mandato de Carter repercutió incluso en un debate que se hizo público en los diarios del mundo, donde los temas a debatir fueron mucho más allá de la economía. Coqui envió a David Lacroze, quien lo había reemplazado en la presidencia de la Junta Nacional de Granos, a negociar a los Estados Unidos. Tenía una misión secreta: aprovechar la oportunidad para limpiar el nombre de la Argentina. El *New York Times* se enteró de las tratativas reservadas y el 4 de febrero denunció que "la Argentina retendría sus envíos de cereales si la administración Carter retira las acusaciones relativas a las violaciones de los derechos humanos", impidiendo que Washington pudiera siquiera analizar la oferta. El Gobierno, finalmente, no puso limitación alguna a la Unión Soviética, que terminó aportando más de mil millones de dólares en la compra de cereales (con el precio internacional por las nubes como consecuencia del embargo) sólo durante el año 1980.

Menor reconocimiento pero igual "éxito" obtuvo Zorreguieta con otro programa que obedecía directamente a una estrategia de la Junta Militar: el fortalecimiento de la industria azucarera en Tucumán. Desde incluso antes del golpe, el ERP (Ejército Revolucionario del Pueblo) intentaba hacer base en el monte tucumano, donde sus dirigentes veían una buena oportunidad para imitar el modelo castrista; la explotación laboral a la que eran sometidos los cañeros los hacía aliados naturales de la resistencia guerrillera. Con el propósito terminar de romper esa trama, la Secretaría de Agricultura lanzó en 1979 un programa para impulsar el desarrollo de los ingenios, que incluía fuertes inyecciones de capital, con la condición de que mejoraran las condiciones de los trabajadores de la industria. Claro que la iniciativa económica se complementó con una brutal actividad represiva —que incluyó la desaparición de más de un centenar de trabajadores azucareros— encabezada por uno de los generales más brutales de la dictadura: Antonio Domingo Bussi, luego condenado por crímenes de lesa humanidad.

El sino de Coqui comenzó a apagarse con el inicio del año 81. Los problemas económicos, la inflación y el desmesurado crecimiento de la deuda externa habían desgastado la imagen de Martínez de Hoz. Zorreguieta intentó despegarse del ministro, esbozando sus primeras críticas. También logró convencer a

Videla de la necesidad de transformar a la Secretaría de Agricultura en Ministerio, un viejo anhelo de la Sociedad Rural. Pero Videla —que en esa última etapa de poder se mostraba deslumbrado con su funcionario— estaba en caída libre y era incapaz de imponer cualquier iniciativa. En marzo, finalmente, se efectivizó el traspaso de mando. Y el general Roberto Viola asumió la presidencia. Las primeras medidas del nuevo mandatario apuntaban a la diferenciación del viejo y fracasado plan económico. Y Coqui era percibido como un hombre estrechamente vinculado a Martínez de Hoz y a Videla. Por eso, no tuvo más alternativa que abandonar el cargo. Se retiró sin rencores, apoyando al Proceso hasta en su último discurso. Guardó sus cosas personalmente, en varias cajas. Y pidió que se las llevaran a su casa; decidió volver caminando. Tomó Avenida de Mayo, Callao y luego Santa Fe. En todo el trayecto, nadie lo reconoció, a pesar de que había sido un alto funcionario durante cinco largos años. Se fue tal como había llegado: como un perfecto desconocido. Se llevó un agradecimiento de la Sociedad Rural por los servicios prestados, una incipiente y conveniente relación con las grandes compañías azucareras y una jubilación de privilegio que aún sigue cobrando. Esa tardecita tibia trajinó en la plaza con sus hijos Máxima y Juan.

No hay absolutamente ninguna evidencia, ningún testimonio, que pruebe que Jorge Zorreguieta haya tenido algún tipo de participación en la represión. Salvo, claro, culpas ideológicas. Como señaló José Luis d'Andrea Mohr, el ex capitán del Ejército y activista por los derechos humanos, "los integrantes del equipo de Martínez de Hoz son más importantes que otros miembros del gabinete corresponsables por las crueldades, porque el modelo económico fue el fundamento de la dictadura".

Ahora bien, ¿sabía Coqui lo que estaba sucediendo?

Él mismo aseguró al gobierno de Holanda que "no estaba informado de las violaciones a los derechos humanos", en una carta difundida el día de la boda de su hija. Luego agregaba Zorreguieta: "A partir de 1984 se conocieron los excesos cometidos durante la represión. Los rechazo totalmente, ya que no puedo aceptar en ningún caso el secuestro, la muerte y la tortura de personas. Siento gran dolor que durante el gobierno del que formé parte se hayan cometido dichas violaciones a los derechos humanos".

Queda claro a esta altura que el padre de Máxima no le dijo la verdad al gobierno de Holanda en estos puntos. Estela de Carlotto cree que "Zorreguieta no fue un hombre determinante en la represión, pero es infantil pensar que no sabía nada. Trabajó codo a codo con un dictador, un asesino, no podía desconocer lo que pasaba en el país". Los propios compañeros de funciones de Zorreguieta desde el 76 hasta el 81 reconocen que había insistentes versiones dentro de las esferas del ministerio acerca de la tortura y de la desaparición de personas. "Claro que sabíamos lo que pasaba. Yo estaba completamente de acuerdo con los militares", declaró Roberto Alemann, amigo de Zorreguieta y ministro de Economía de Viola desde 1981.

Los ex funcionarios del Proceso suelen admitir que recibían pedidos de amigos o conocidos, hasta de familiares, para que intentaran averiguar el paradero de algún desaparecido. Incluso Cadenas Madariaga lo confirma:

—Cuando yo estuve en la Secretaría de Agricultura había personas que venían a verme por algún desaparecido. Una vez, por ejemplo, vino una prima segunda de mi mujer desde San Luis, desesperada porque había perdido un hijo. Otra vez fueron a verme a mi campo de Santa Fe los parientes de un vecino que había desaparecido, un montenegrino feroz que para cosechar el algodón se traía setecientos indios del Chaco. Entonces yo agarré el teléfono y hablé con el jefe militar más importante de la zona. Y le dije: "Mire, si lo detuvieron por esclavista, tienen mucha razón. Pero si lo tienen por guerrillero, ¡de ninguna manera! Este hombre no se mete en política, es un extranjero". Lo largaron enseguida.

—¿Alguna vez habló de estos temas con Zorreguieta?

Cadenas Madariaga duda...

—Es posible. No lo recuerdo especialmente... Pero por ahí le conté la historia del montenegrino.

Está documentado que al menos en una oportunidad le pidieron ayuda también a Zorreguieta para encontrar a un desaparecido. Alberto Amigo, quien fuera un importante funcionario de Agricultura durante la gestión de Isabelita Perón, fue a verlo a principios del 77 para rogarle que hiciera gestiones con el poder militar para encontrar a su hija, que había sido secuestrada por un grupo de tareas el 21 de diciembre de 1976 en la puerta de la Facultad de Arquitectura de la Universidad de La Plata. Matilde Lestón, la viuda de Amigo, dijo ante los jueces de la Cámara Federal de La Plata que Zorreguieta no movió un dedo por su hija: "Contestó que él no sabía nada". Coqui debió declarar en los llamados "Juicios por la Verdad" en julio de 2001; nuevamente repitió: "No sé nada".

Al padre de Máxima pretendieron vincularlo con otro caso de desaparición. Marta Serra, empleada del Instituto Nacional de Tecnología Agropecuaria (INTA), organismo dependiente de la Secretaría de Agricultura, fue secuestrada de su casa el 30 de marzo de 1976; dormía junto a su hijo menor Guido, de dos meses, cuando se la llevó un grupo de tareas. Fue parte de un amplio operativo, que comenzó con la entrada de los tanques del Ejército en la sede Castelar del INTA, con varios detenidos que luego fueron torturados. El caso figura en el archivo de la Conadep bajo el número de legajo 155, pero recién en 2002 los hijos de Serra, Nicolás y Guido Prividera, denunciaron la desaparición de su madre ante los tribunales; y pidieron la declaración de Zorreguieta para que aportara información.

Zorreguieta se defendió explicando que él asumió como subsecretario diez días después del secuestro de Serra: "En ningún momento me enteré, lo que le pasó a esta pobre señora es para mí una novedad". Pero Nicolás y Guido aclararon que durante los meses subsiguientes a la desaparición se presentaron varios recursos de hábeas corpus, pedidos oficiales con funcionarios del área e imploraciones extraoficiales. Nadie investigó lo sucedido.

En aquella carta enviada al gobierno holandés Coqui afirmaba que recién se enteró de los "excesos cometidos" en 1984. Sin embargo, cinco años después, cuando los jefes militares ya habían sido condenados por asesinatos, secuestros, robo de bebés y violación de los derechos humanos, su esposa María Pame y su hermana Alina firmaron una solicitada, que apareció en los principales diarios de circulación nacional el 20 de junio de

1989. El texto decía: "Expresamos nuestro reconocimiento y solidaridad a la totalidad de las Fuerzas Armadas, de Seguridad y Policiales, que defendieron a la Nación en la guerra desatada por la agresión subversiva y derrotaron a las organizaciones terroristas que pretendieron imponernos un régimen marxista". Además de "Zorreguieta, Alina" y "Zorreguieta, María C de" aparecen otros nombres bien conocidos entre los firmantes: Cadenas Madariaga y Martínez de Hoz.

Más allá de que nunca fue un animal político, es notable la capacidad que demostró Zorreguieta a lo largo de su carrera para sostenerse cerca del poder. Hay que reconocer que no tuvo ambiciones políticas desmedidas. Las suyas son más que nada ambiciones sociales. Su anhelo siempre fue ser aceptado en la aristocracia porteña, ser reconocido como uno más entre los principales integrantes de la Sociedad Rural... He ahí la explicación de por qué decidió aceptar el cargo y pertenecer durante tanto tiempo en la Secretaría de Agricultura del Proceso. No era un hombre de dinero, ni de linaje, ni pertenecía a alguna de las familias tradicionales de la pampa, ni siquiera tenía un título universitario. Por eso, para él, conseguir ese prestigioso puesto político significó un enorme éxito personal. Cuando cayó el régimen militar y se reinició la democracia, supo que se vendrían tiempos difíciles. Pero estaba preparado para aguantar las críticas y hasta las humillaciones.

Sus nuevos protectores, los Blaquier, propietarios del ingenio Ledesma, agradecidos por sus arriesgadas gestiones a favor de la industria en los años de plomo, lo rescataron para que presidiera el Centro Azucarero Argentino, desde donde le tocó defender —justo a él, un militante eterno del libre mercado—

las medidas proteccionistas que amparan a esta actividad. Pero en los ámbitos gubernamentales de la democracia lo destrataban. Los funcionarios radicales de Agricultura le pedían sin disimulos que no se mostrara mucho cuando aparecía en algún acto o evento, en representación de la industria del azúcar. Y Coqui, sin protestar, se perdía entre el público, lejos de los palcos.

"Yo creo que le hicimos un favor. Lo acostumbramos a lo mismo que después le hicieron en Holanda: esconderlo", bromea un radical que ejerció un alto cargo durante la presidencia de Raúl Alfonsín.

María Pame, en cambio, se empecinaba en buscar revancha para su marido. "Con todo lo que hizo por ustedes, deberían hacerle un monumento", se enojó con un dirigente de la Sociedad Rural de Pergamino, viejo amigo de su infancia, porque no lo habían invitado a la cena anual de ganaderos a la cual había concurrido los años anteriores. De hecho, a Máxima le costó mucho más convencer a su madre que al propio Coqui de que era mejor que él no fuera a la boda real.

En realidad, la renuncia de los padres de Máxima a participar en las celebraciones de Ámsterdam fue el resultado de una larga negociación entre los Zorreguieta y el gobierno de Holanda. A las reiteradas polémicas generadas alrededor de la figura de Coqui desde el momento en que se conoció el noviazgo de Máxima y Willem Alexander, se sumaron luego duras críticas de la oposición al primer ministro Wim Kok y hasta una solicitud ante la Fiscalía General holandesa del prestigioso ex embajador en la Unesco Marteen Mourik para que se investigara a Zorreguieta por la presunta violación de la Convención Internacional de la Tortura. Si la causa prosperaba, todo podía desembocar incluso en un pedido de extradición para juzgarlo en La Haya. Para entonces, el gobierno ya tenía en su poder el informe confidencial que había encargado a Michiel Baud, que luego de veinticuatro días de estadía en Buenos Aires y cuatro meses de análisis sacó dos conclusiones centrales:

1) "Queda prácticamente descartado que Zorreguieta hubiera participado personalmente en la represión o en la violación de los derechos humanos en el período en que formó parte del Gobierno".

2) "Por otra parte, también es impensable que no supiera nada sobre la práctica de la represión y sobre la situación de los derechos humanos".

Con el informe de Baud y la denuncia de Mourik en mano, dos representantes del primer ministro Kok viajaron a Buenos Aires para cerrar el pacto con Zorreguieta. A Coqui, generoso, le costó muy poco ofrecer su ausencia a la boda si eso garantizaba que el Parlamento aprobara el matrimonio real. Los holandeses aceptaron la propuesta de inmediato. Una semana después, el 21 de marzo, el procurador Leo de Witte desestimó la querella de Mourik. Nueve días más tarde, Zorreguieta cumplió con su parte: la Corona difundió la noticia de que había renunciado a participar de la boda de Máxima y Willem Alexander. Eso terminó de aflojar las tensiones y el Parlamento ratificó a la novia casi por unanimidad.

Diez meses después, en ese departamento prestado en Chelsea, Coqui y María Pame seguían a la distancia la boda de su querida hija. María Pame lagrimeaba, en silencio, para no hacer sentir más culpable a su marido. Coqui miraba fijamente la pantalla. Y de repente, sonaron los primeros acordes de "Adiós, Nonino", de Piazzolla, su tango preferido, interpretado con increíble sensibilidad porteña por el bandoneonista holandés Carel Kraayenhof. Él comprende el código secreto, descifra el mensaje de su hija. La cámara justo enfoca a Máxima, que llora y seca sus lágrimas con un pañuelo blanco. Entonces las lágrimas de Coqui también aparecieron. Y Coqui maldijo: maldijo aquel lejano 9 de abril de 1976 en que aceptó orgulloso el cargo de subsecretario de Agricultura. Lloraron a la distancia, entonces, Máxima en Ámsterdam, Coqui en Londres. Fue un momento durísimo para él, que ama con locura a su hija. No podía saber, claro, que ese día, al ver correr las lágrimas sinceras de su nueva princesa, los holandeses lo perdonaron, perdonaron su pasado. Quienes miraban por TV la ceremonia percibieron que tal vez había sido demasiado castigo para esa muchacha rubia, de hermosa tristeza, impedirle que compartiera con sus padres el momento más importante de su vida.

## Capítulo 5

# *La estudiante trabajadora*

*6,35* sobre 10. Ese fue su promedio universitario. Tuvo un solo 10, cuatro aplazos con 2 y se recibió con una tesis que fue calificada con 9. Máxima Zorreguieta, en resumen, no se destacó como una gran estudiante durante los cinco años que estudió en la Facultad de Economía de la Universidad Católica Argentina. Fue, más bien, una alumna del montón.

Con ese promedio, Máxima quedó de la mitad hacia abajo entre los graduados de su camada. Y, claro, lejos del diploma de honor, al que se accede con un promedio de 8, y de la metalla de honor, que es exclusividad de los mejores alumnos. Tampoco candidateó a la tradicional medalla a la Acción Pastoral; además de tener un bochazo en una de las materias religiosas, no sobresalió por actividad social.

Sin embargo, no fue una mala alumna. Se esforzaba, tuvo notas sorprendentes en algunos exámenes muy difíciles y cursó más de la mitad de su carrera en paralelo a empleos que le demandaban varias horas diarias, restándole tiempo para el estudio, pero que le eran necesarios para poder financiar su título.

Siempre supo que las finanzas eran lo suyo. Y estaba absolutamente convencida de que le abrirían un nuevo mundo. Mientras cursaba el último año del secundario, realizó orgullosa el curso de ingreso a la universidad. Había tenido algunas dudas: si cursar en la UBA o en la UCA, privada y religiosa. Al visitar la Facultad de Economía de la UBA, a pocas cuadras de su departamento de la calle Uriburu, se decidió: definitivamente la universidad pública no era para ella. "Es un quilombo", la describió. Se inscribió entonces en la Católica y, durante el segundo semestre del 88, a la vez que iba terminando el secundario, amontonó en su mochila de colegiala nuevos libros: los apuntes de Matemáticas, Contabilidad e Introducción a la Vida Universitaria, las materias del curso de ingreso a la Facultad de Economía. Un profesor de aquella época recuerda que llegaba siempre apurada, vestida con el uniforme del Northlands, "divina, tan alta y tan rubia como se la ve en las fotos de las revistas". Las calificaciones de estos exámenes más una carta de recomendación garantizaban al alumno el acceso a cátedras VIP, como la división F —a la que sólo podían acceder los estudiantes con los mejores promedios y los abanderados del colegio secundario— o a la C, la segunda alternativa. Máxima logró entrar a 1° C.

Coqui y María Pame aprobaron la decisión de concurrir a la UCA, y le dieron un cheque para que abonara la matrícula de inscripción. Máxima, que todavía no trabajaba, sabía de los esfuerzos que sus padres hacían por su educación y la de sus hermanos. "Gracias, algún día se los voy a devolver", les prometió. Para los Zorreguieta era suficiente con que se graduara. Ni ella ni sus padres imaginaron que, diez años después de recibir su diploma de licenciada, se retiraría para siempre del mercado laboral.

—No tenés pinta de estudiante de Economía con esa ropa *hippona*. ¡Por Dios, parecés una estudiante de psicología!" —la retó María Pame el primer día de clases.

Máxima suspiró y rezongó. Por aquella época, después de las fiestas de fin de año, y tal vez apesumbrada por su estreno universitario, había vuelto a engordar unos kilos. En sólo cuatro meses, pasó de deslumbrar a sus profesores con su falda escocesa a vestir largos pollerones que la tapaban hasta los pies. Cuando se veía rellenita, se acomplejaba y usaba ropas que le quedaban holgadas. Sus amigos la fastidiaban: "¿Qué hacés, Mercedes Sosa?".

Los Zorreguieta la despidieron en la puerta del ascensor. Todos en la familia estaban emocionados. Su abuela Carmenza la había llamado por teléfono a primera hora: "¡Vas a ser la primera profesional de esa casa! Después te mando a un máster a Harvard. Yo te ayudo. Tengo algunos dólares ahorrados". Máxima se reía entre dientes; su abuela ni imaginaba lo que costaba un máster en Harvard.

Sintió un aire de melancolía cuando subió al colectivo a las siete y media de la mañana de aquel lunes de marzo del 89. Extrañaba el bus escolar, el mismo que la había llevado durante tantos años hasta la puerta de su querido colegio; no estaba acostumbrada a viajar en transporte público en hora pico. Le dieron ganas de bajarse del colectivo y tomar un taxi para ir a la casa de su amado Tiziano Iachetti. La noche anterior habían estado juntos hasta tarde, fantaseando con un futuro en común, y Máxima no había pegado un ojo. Todo empezó porque Tiziano le pidió ayuda para elaborar el plan de negocios de un emprendimiento de venta de tierras a italianos que estaba ideando. Una cosa llevó a la otra, y se entusiasmaron; hasta especularon con armar juntos el proyecto. El noviazgo pasaba por su mejor momento cuando ella comenzó la facultad. Tenía, por fin, una relación en serio. Un noviazgo adulto, comprometido. Se sentía más grande junto a él, que ya vivía y se mantenía solo.

La UCA fue la primera universidad privada en diseñar la licenciatura en Economía en la Argentina, en 1958. Uno de los primeros egresados fue el reconocido analista financiero Javier González Fraga, que luego fuera profesor de Máxima en Política Económica. El alumnado está mayormente compuesto por jóvenes de clase media a alta, e hijos o nietos de militares de rango que ocuparon espacios de poder durante las últimas dictaduras. Hoy, la universidad tiene sedes en las ciudades de Paraná, Pergamino, Mendoza, Rosario y Buenos Aires. Su lema es "brindar una formación integral, que realice la síntesis entre excelencia en el campo profesional y compromiso social desde una cosmovisión humanístico-cristiana". La UCA es pontificia, pertenece al Vaticano y está regida por un directorio de obispos locales, entre los que se encuentra monseñor Jorge Bergoglio, cardenal primado y arzobispo de Buenos Aires. Pero la universidad se solventa principalmente con los aportes de grandes empresas argentinas. Históricamente, Gregorio "Goyo" Pérez Companc fue su principal benefactor, hasta que decidió "mudar" sus millones a la Universidad Austral. Luego, fue Sebastián Bagó, dueño de los laboratorios Bagó, quien hizo las contribuciones más importantes y solventó el proyecto de Puerto Madero, el monumental complejo edilicio donde se dictan todas las carreras desde 1994.

Cuando podía, Coqui la llevaba con su auto hasta la puerta de la facultad, que por aquel entonces quedaba en la calle Bartolomé Mitre al 1800. Recostada en el asiento, le contaba sobre sus andanzas universitarias. "La facu se parece bastante al Northlands, con la diferencia de que tengo compañeros varones". Coqui le confesaba cómo le gustaría que Martín siguiera sus pasos, pero Máxima le advertía: "Él tiene otro perfil".

—Perfil de vago tiene ese. No hay caso, yo sé que tu hermano termina el colegio y no agarra un libro nunca más en su vida. Tanto colegio inglés para nada, con lo que llevamos gastado en su educación hoy tendríamos el departamento en Punta del Este que tanto soñó tu madre —le dijo Coqui, medio en broma, medio en serio.

Máxima se reía con este tipo de comentarios que ya se habían vuelto recurrentes en la mesa familiar. Quizás, por esa escasa proyección profesional de su hermano, los Zorreguieta cargaban tantas ilusiones sobre la espalda de su hija mayor.

Tiempo atrás, en el viejo edificio de la Facultad de Economía de la calle Mitre había funcionado una clínica. A Máxima no le gustaban los azulejos blancos que revestían las paredes de algunas de las aulas; le hacían suponer que alguna vez allí había funcionado un quirófano. ¡Y posiblemente hubiera muerto mucha gente! Durante el primer año cursó de lunes a viernes de 7.45 a 12.30. En su misma división, el 1º C, también cursaban hijos de los Ayerza y los Beccar Varela. Pero sus grandes amigos serían Dolores Figueroa, Carola Mengolini, Agustín Estrada, Rolo Ledesma y Marcos Bulgheroni, heredero del Grupo Bridas. Con ellos compartía trabajos prácticos y largas noches de estudio. "Tenía mucha claridad sobre las cosas y un enorme poder de convocatoria. Siempre organizaba los grupos. Proponía el lugar, la hora, qué debíamos comer. Ella organizaba, pero después era la última en ponerse a estudiar", recuerda risueño uno de sus amigos universitarios.

Para Máxima, aunque la UCA no fuera un "quilombo" como la universidad pública, representaba un mundo nuevo, desconocido. Eran los menos, pero tenía algunos compañeros humildes, becados, provenientes de zonas pobres del Gran Buenos Aires o de barrios marginales de la Capital. Había incluso ciertos prejuicios con los egresados de colegios como el Northlands, el Newman o el St. Andrew's, a quienes el resto de los alumnos tildaban de "chetos". Pero Máxima, como siempre, lograba hacerse querer. A simple vista era una *chica bien* de Barrio Norte pero con una calidez y un desparpajo que la hacían muy graciosa. "Era una buena alumna y una persona encantadora. Hablaba perfecto el inglés, algo imprescindible porque la mayor parte de la bibliografía está en este idioma", asegura un ex ayudante de cátedra.

A Máxima le gustaba sentarse al fondo del aula, y se limitaba a tomar apuntes de todo lo que escuchaba. En la UCA, a diferencia de sus años en el secundario, casi no abría la boca en clase. Y mucho menos cuando Alfonso Prat-Gay (que años más tarde sería el presidente más joven de la historia del Banco Central de la República) entraba al aula. Como tantas otras alumnas, Máxima estaba encandilada con el joven auxiliar. Prat-Gay era muy atractivo, intelectualmente brillante y provenía de una familia de la aristocracia porteña. El candidato ideal, en resumidas cuentas. Jamás imaginó que Prat-Gay recién le dirigiría la palabra cuando ella fuera princesa de Holanda y él un destacado economista y político. Los unió la misma causa: los microcréditos.

Otro de sus profesores predilectos era Manuel González Abad, rector de la Facultad de Economía desde 1968 hasta 2001. Titular y profesor de Técnica Contable I y II, había sido vicepresidente del Banco Nacional de Desarrollo durante la dictadura militar y compartió con Jorge Zorreguieta varias reuniones de gabinete. Solía comentárselo a Máxima, aunque asegura que no le daba ningún privilegio.

"Se llevaba bien con todo el mundo. Pero no era una estudiante brillante como, por ejemplo, Marcos Buscaglia, que fue medalla de honor en su misma camada, aunque hacía lo que podía y se destacaba en algunas materias", asegura otro profesor. El certificado analítico de la UCA, registro n° 389.387, da cuenta de estas palabras.

El primer año, lo pasó tímidamente. Todavía no se había acomodado a la exigencia universitaria, y el romance con Tiziano Iachetti y sus infaltables salidas nocturnas no la dejaban concentrarse lo necesario en los estudios. Se sacó 6 en Matemática I, 4 en Derecho Civil, 7 en Derecho Público I, 5 en Introducción a la Filosofía, 8 en Introducción a la Economía, 9 en Introducción a la Administración, 7 en Técnicas Contables I y otro 7 en Técnicas Contables II.

Cuando comenzó el segundo año, Tiziano ya no estaba en su vida y la ruptura quizás le costó el primer aplazo de su carrera: un 2 en Antropología Teológica, que luego levantó con un 7 en el recuperatorio. Además, aprobó Antropología Filosófica con un 7, Matemática II con otro 7, Estadística I con un 6 y Teoría Macroeconómica con un 9; en diciembre de 1990 dio el gran batacazo: Eduardo Zalduendo, el ex presidente del Banco Central y muy exigente profesor de Historia Económica Mundial, la eximió con un rotundo 10. Su programa tenía tres parciales, para cada uno de los cuales ella debió estudiar cerca de mil páginas. Si bien los exámenes eran *multiple choice*, Máxima se internó durante varios días en su habitación antes de rendir cada parcial, hasta memorizarse, inclusive, los pies de página.

Pero en tercer año no pudo sostener ese impulso de alumna sobresaliente: 7 en Macroeconomía, 5 en Historia Económica Argentina, 7 en Economía Argentina, 4 en Economía de Empresa, 5 en Estadística II, 4 en Derecho y Legislación Económica, 6 en Introducción a la Investigación, 7 en Temas Especiales de Microeconomía; también se reconcilió con Dios luego del bochazo teológico del segundo año: 9 en Doctrina Social de la Iglesia.

Hasta entonces, Máxima había ayudado a la un poco más aliviada economía familiar dando clases particulares de inglés y matemática a niños de la primaria y de la secundaria. Aunque no ganaba mucho, reunía lo suficiente para comprarse su propia ropa y solventar sus salidas nocturnas. Entre sus alumnas, había varias estudiantes del Northlands, que hoy, ya crecidas, cuentan con orgullo que a ellas les enseñó la princesa de Holanda. Por entonces, por supuesto, era mejor esconder a la maestra particular: si debían recurrir a ese apoyo, era porque no les iba demasiado bien en la escuela. Recuerdan a Máxima, de cualquier manera, como una profesora paciente y complaciente, a quien era fácil sacar del aburrimiento de las clases comentándole chimentos del Northlands o contándole los problemas amorosos tan típicos de la adolescencia. Ella siempre recomendaba lo mismo a sus alumnas teens: "Que los chicos no te hagan sufrir. Y si te hacen sufrir, que no se note".

A finales del año 91, su padre le consiguió una muy buena oportunidad para iniciarse en el mundo del trabajo, como ella venía buscando desde hacía un tiempo. Tres ex compañeros de Coqui del equipo económico de José Alfredo Martínez de Hoz —Aldo Ducler, Miguel Iribarne y Héctor Scacerra[3]— habían adquirido una casa de cambio y financiera: Mercado Abierto S.A. Aunque en el currículum de la princesa que reparte la Casa Real Holandesa se asegura que Máxima Zorreguieta trabajó en Mercado Abierto entre 1989 y 1991, en los registros previsiona-

---

[3] Aldo Ducler tuvo varios cargos de segunda línea en Economía, hasta llegar a Secretario de Hacienda en 1982, durante la gestión presidencial del general Leopoldo Fortunato Galtieri. Miguel Iribarne también fue funcionario del Ministerio durante catorce años, hasta llegar a subsecretario de Economía en 1982. Héctor Scacerra, por su parte, fue director del Banco Nacional de Desarrollo durante los primeros años de la dictadura.

les figura que ella fue empleada allí entre octubre de 1991 y septiembre de 1993.

No es esa una diferencia menor: no da lo mismo ser empleada de Aldo Ducler que no serlo. ¿Por qué? Ducler, cinco años después, fue formalmente acusado por el gobierno de los Estados Unidos de lavar dinero proveniente del Cartel de Juárez a través de su casa de cambio y financiera Mercado Abierto.

Se trató de la mayor operación de lavado de narcodólares detectada en la Argentina, comandada hasta su muerte, en julio de 1997, por el temerario jefe del Cartel, Amado Carrillo Fuentes, conocido como "El Señor de los Cielos"; se lo llamaba así por la gran cantidad de avionetas que tenía para transportar cocaína desde México a los Estados Unidos. La operación de lavado de casi doce millones de dólares ideada por Ducler fue sobre un total de 130 millones que el Cartel de Juárez había ganado vendiendo droga en Chicago y Los Ángeles. Sin embargo, el periodista Andrés Oppenheimer asegura en su libro *Ojos vendados* que los agentes de la DEA están seguros de que a través de ruta argentina se habría lavado un monto por lo menos diez veces mayor de dinero sucio.

Las pruebas del caso fueron recolectadas en una hollywoodesca investigación de la aduana de los Estados Unidos bautizada "Operación Casablanca", que comenzó en el 95 y se extendió hasta mayo del 98. Durante ese período, dos agentes lograron infiltrarse en la organización que comandaba Carrillo Fuentes, y haciéndose pasar por especialistas en lavado de dinero, recibieron del jefe del Cartel de Juárez millonarios fondos y la indicación de a nombre de quiénes depositarlos. Uno de los destinatarios indicados era el martillero argentino Nicolás Di Tullio. Y en su ruta hacia Buenos Aires, el dinero pasaba por dos cuentas de Mercado Abierto en el Citibank de Nueva York. Una abierta a nombre de la casa de cambio y la segunda por su off shore constituida en las islas Caymán, el M. A. Bank.

¿Cómo entró a estos negociados Mercado Abierto? La relación del Cartel con Ducler habría nacido en la primera mitad de la década del 90, cuando Di Tullio, que había comprado unos campos para los mexicanos, le presentó a "El Señor de los Cielos" a su amigo Ducler para traer el dinero al país. Di Tullio conocía muy bien al financista, porque había trabajado para él como "prestanombres" desde 1980. Según contó luego el martillero a los investigadores, Carrillo Fuentes y Ducler se reunieron en las oficinas de la financiera Mercado Abierto de Corrientes 415 para acordar los términos de la maniobra. A partir de ese encuentro, se decidió dividir la operación en tres fases: el envío del dinero a la Argentina, la compra de sociedades anónimas para ocultar el nombre de los verdaderos dueños y el reclutamiento de testaferros y personal de apoyo.

Cuando los infiltrados norteamericanos terminaron de recolectar todas las pruebas, apresaron a casi todos los jefes de Cartel de Juárez y pidieron la detención de sus operadores en la Argentina. Ducler tuvo que pagar una millonaria multa y colaborar con la investigación para evitar la cárcel. Desde México, Interpol insistió unos años más con su captura: para ellos, Ducler y Di Tullio "tenían pleno conocimiento, a través de la notificación judicial que recibieron de EE.UU. en mayo de 1998, de que ese dinero era producto del narcotráfico".

Máxima, por entonces, estaba bien lejos de su puesto en Mercado Abierto, está claro. De hecho, ella abandonó la oficina un par de años antes de que el gobierno de los Estados Unidos pusiera en la mira a la financiera. Pero sí trabajó allí bajo la gestión de Ducler, y no antes. La información errónea que reparte la Casa Real se deberá a una equivocación involuntaria.

Cuarto año fue, definitivamente, el más difícil de su carrera. Tuvo tres aplazos: en Matemática Económica I (luego la levantó con un 4), Matemática Económica II (luego aprobó con un 7) y Análisis Macroeconómico, la materia más complicada de la carrera, que luego aprobó con 6. En Econometría se sacó un 6, en Seminario de Economía Aplicada un 9 y en Sistemas Económicos Comparados, otro 9. Tenía, por cierto, con qué distraerse. Después de un largo período de soltería, había vuelto a encontrar novio: un estudiante de cocina llamado Max Casá, que gozó de un breve período de fama cuando compartió programa de tevé con la reconocida chef Maru Botana en el canal de cable Utilísima. No fue ese su gran amor, pero se llevaban muy bien y para Máxima representó una especie de páramo luego de la tormentosa relación con Iachetti. Casá le enseñó los básicos de las ollas y sartenes, y hasta le regaló su receta de lemon pie.

Dedicaba mucho más tiempo, además, a su trabajo. Había decidido darle prioridad a acumular experiencia en el mercado, aunque tuviera que extender la cursada un año más de lo que fijaba el programa y a pesar de las quejas de su porfiada madre, que quería que se recibiera. Cuando quedó seleccionada entre tres candidatos anotados en la bolsa de trabajo de la UCA para ingresar al Boston Securities —una compañía de inversiones asociada al Bank Boston— no dudó un minuto en renunciar a Mercado Abierto. Estaba segura de que cuando la entrevistaran la iban a tomar. Y no se equivocó: ese fue su segundo y último trabajo formal en la Argentina. Todas las mañanas, Máxima tomaba el ascensor para subir al piso 23 del enorme edificio ubicado en la calle 25 de Mayo al 500, pleno microcentro porteño. Desde allí, jugaba a divisar la silueta de Coqui, que justo trabajaba en uno de los edificios que tenía enfrente.

Durante el período de entrenamiento, su tiempo se dividía entre el Boston Securities y el departamento de research de mercados de Bank Boston, donde estaba bajo las órdenes de María Laura Tramesani. Allí Máxima aprendió la jerga y la problemática de las finanzas. A los tres meses, sus superiores la ascendieron a oficial de cuentas: ya estaba lista para asesorar a los clientes de la entidad. "En este rubro se puede trabajar de forma proactiva o pasiva. Máxima era más del estilo pasivo, no le gustaba recomendar. Era buena guiando al cliente en sus inversiones... Pero cuando ese cliente perdía plata, sufría mucho y venía con mala cara", recuerda un ex compañero de oficina.

—Me quiero matar, ¡pobre tipo, se va a quedar sin un mango! —se lamentaba la joven estudiante.

Cuando a alguno de sus clientes le iba mal, sus superiores sabían que les esperaba una sesión de catarsis. "Sufro mucho con las crisis del sistema financiero. ¡Y en este maldito país hay crisis cada seis meses!", protestaba.

Maxi se había cambiado al turno tarde en la facultad, así que entraba a Boston Securities bien temprano por la mañana. Tomaba mate con sus colegas Juan Rassell y Silvina Rania en el *Pumper*, como llamaban a la pequeña cocina de la oficina, en referencia a la ya desaparecida cadena de comida rápida. Después hojeaba el diario *Ámbito Financiero*, sintonizaba la radio y bajaba a su computadora un listado con las operaciones de sus clientes. Ni bien abría la bolsa de valores estudiaba las inversiones y analizaba cuáles serían las mejores operaciones. Máxima ganaba en promedio unos 1.500 dólares mensuales, aunque su sueldo tenía una composición fija y otra variable, de acuerdo a la cantidad de transacciones que hacían sus clientes. Sus temores a la hora de dar un pronóstico no contribuían para que generara un buen monto en variable, por ende no hacía grandes diferencias. Realmente, aunque era una buena analista, aconsejar sobre dónde era mejor invertir le significaba una tortura; en el fondo, había algo de lotería en todo eso. Jamás se sintió cómoda dando vaticinios. Su jefe, Marcelo Lacarrere, notaba que se ponía demasiado nerviosa, temía que se terminara enfermando. Y como la consideraba una de sus mejores empleadas, "brillante y honesta", decidió crearle un puesto especial, para que no claudicara. Máxima dejó entonces de atender a clientes particulares para dedicarse a asesorar a inversores institucionales del exterior, grandes fondos o sociedades financieras que quisieran comprar papeles argentinos, bonos o acciones. En su nuevo rol, la futura princesa se sintió mucho más segura: ya no tenía responsabilidad alguna por las decisiones tomadas, porque el inversor sólo le pedía su opinión.

"Era fácil encargarle tareas a Máxima, no había que explicarle demasiado. Tenía muchos recursos y sabía rebuscárselas para conseguir datos, llamar gente y presentar un trabajo creativo. Máxima estaba en el detalle, tenía una gran inteligencia y un modo increíble de relacionarse con la gente. Le resultaba natural salirse del molde", recuerda Mario Rossi, quien la seleccionó para el puesto y que fuera su jefe en Boston Securities.

Ya en aquel entonces, ella hacía gala de sus dones de anfitriona. Tanto Rossi como Lacarrere le daban rienda libre para que llevara a pasear por Buenos Aires a los clientes del exterior. Era la única a la que le divertía hacerlo. Les armaba todo tipo de programas, desde ir a Teatro Colón, donde se quedaba dormida, hasta llevarlos a comer en un bodegón de La Boca o viajar a Escobar para la Fiesta Nacional de la Flor. "Una vez hasta se llevó a un brand manager de Nueva York —que había perdido su vuelo y no conocía a nadie en Buenos Aires— al casamiento de una amiga en Punta del Este. El tipo volvió fascinado con la personalidad de Maxi", cuenta un ex compañero de trabajo.

Máxima compartía su despacho con siete empleados más. Le gustaba sentarse sobre su escritorio para observar la inmensidad del Río de la Plata. Fueron muchas las noches que pasó en ese mismo escritorio preparando exámenes para su último año de facultad. Pero de día, no podía quedarse quieta más de un par de horas. Evidentemente, siempre estuvo lejos de los estereotipos, incluso del típico corredor de bolsa. "Se la pasaba recorriendo las oficinas, charlando con todos. Era muy larguera para hablar". Sólo se sentaba en los boxes para atender a sus clientes, a los que les dedicaba todo el tiempo del mundo. La cargaban porque podía quedarse horas conversando sobre acciones, hijos, esposas, vacaciones...

Por su personalidad y su encanto, era *vox populi* que resultaba la preferida de los jefes. Será por esto que Rossi y Lacarrere le dejaban pasar algunas desprolijidades. "Cuando llovía, Máxima llegaba empapada. Se sacaba los zapatos y caminaba por toda la oficina descalza. A Lacarrere le molestaba un poco pero nunca le decía nada. Se lo ganaba con su simpatía, su naturalidad", rememora una ex compañera.

Las materias de su último año de facultad las cursó en el tiempo que le dejaba libre su trabajo. Rindió Filosofía con 6, Política Económica con 5, Historia del Pensamiento Científico con 7, Finanzas Públicas con 6, Desarrollo Económico con 5 y Doctrina Social de la Iglesia en Materia Económica con 7. Máxima había terminado por entonces su relación con el cocinero Casá para tener un fugaz romance con un agente inmobiliario, Hernán Duprat. Pero, básicamente, disfrutó más que nunca por aquellos años de su soltería. "No sé cómo hacés para dormir nada más que cinco horas", le decía Coqui. Trabajaba por la mañana, iba a la facultad a la tardecita y salía con sus amigas casi todas las noches. Aprovechaba sus trayectos en colectivo de un lado a otro para regalarse pequeñas y reparadoras siestas. A pesar de todo, la etapa final de estudiante universitaria resultó la mejor. Cuando a principios de 1995 logró graduarse con un 9 en su trabajo de tesis, ya estaba decidida a probar suerte un par de años en alguna gran ciudad del primer mundo. Como su gran amiga Loli Figueroa, Máxima soñaba con hacer un máster en la London Business School, pero a pesar de su buen cierre de carrera no reunía las condiciones necesarias para aplicar a una beca.

Durante largos meses pensó una y mil veces cómo soportaría vivir lejos de Buenos Aires, sin las charlas mañaneras con su padre, sin los domingos de cine con su madre, sin las salidas a la discoteca Caix con sus amigas Vale Delger y Flor Di Cocco. Sabía que se perdería también el crecimiento de Juan e Inés, sus hermanos menores... Pero un día se decidió. Llamó a Rossi y Lacarrere a la sala de reuniones de Boston Securities y les avisó:

—Trabajo dos meses más y después me voy.

—¿Adónde vas?

—Quiero irme a vivir a Nueva York.

## Capítulo 6
# Una argentina en Nueva York

Máxima dejó la Argentina el 9 de junio de 1996, y ya no regresó a vivir nunca más. No regresar no era justamente su plan de vida... La idea original era instalarse en Nueva York unos cuatro o cinco años, y volver a Buenos Aires con una carrera internacional en finanzas y un currículo impecable; tal vez, si tenía suerte, hasta podía traerse también un novio internacional. A pesar de esa educación *northlands* tan global y de sus importantes ambiciones profesionales, no imaginaba una vida adulta lejos de su patria. Le gustaba Buenos Aires... "Es una muy buena ciudad para vivir", les repetía a sus amigos neoyorquinos. Le gustaba ir a montar a Pergamino, ir a esquiar a Bariloche, ir a la playa en Punta del Este. Llevaba una buena vida, no podía quejarse. Pero no tenía nada ni a nadie que la anclara y estaba ansiosa por probar suerte en la Gran Manzana. Hacia allí partiría en plan aventura.

La campaña pro Nueva York había comenzado un par de años antes, a mediados del 93. Cuando Máxima vislumbró que el final de sus estudios universitarios estaba cerca y que no le faltaban buenos contactos que la ayudaran a conseguir un empleo en la capital mundial de las finanzas, empezó a tomarse más en serio ese plan del que hablaba a sus amigas desde que terminó el secundario, y que en realidad nadie le creía demasiado. Pero al notar que Maxi realmente estaba empeñada en ahorrar, que gastaba menos de lo habitual cuando salían de noche, que consumía menos tragos de lo normal y hasta "pechaba" cigarrillos, ellas sospecharon que pronto perderían su siempre divertida compañía.

Descartada la posibilidad de conseguir una beca, decidió que iría a trabajar. ¡Le gustaba trabajar! En Boston Securities se había dado cuenta de que iba feliz cada mañana a su oficina y sentía que sus tareas eran valoradas. De hecho, recibió un aumento a principios del 95 que le permitió incrementar su capacidad de ahorro. Ese aumento la decidió definitivamente a buscar trabajo en Nueva York.

En esa búsqueda, pidió ayuda a varios amigos y conocidos. Su padrino, Roberto Favelevic, llamó a sus contactos en los Estados Unidos. Su padre conversó con Raúl Moneta, su jefe en el Banco República, quien le ofreció un puesto en sus oficinas neoyorquinas; pero Máxima imaginaba otra cosa: quería trabajar en un banco o en una financiera multinacional. Finalmente, fue una compañera de Boston Securities quien dio en el clavo: conversó con su tío, Manuel Sacerdote, principal propietario del grupo Boston, quien le consiguió una entrevista para ingresar a HSBC James Capel Inc., el sector de banca de inversión del grupo HSBC.

Máxima se recibió en la UCA a mediados de 1995, y apenas seis meses después voló nerviosa a Nueva York, para su primera entrevista como licenciada en Economía. Paró en casa de una amiga de su madre, en las afueras de Manhattan, acudió a cuatro encuentros consecutivos en la sede del banco, y regresó a Buenos Aires. Una semana después le comunicaron que había sido seleccionada como nueva ejecutiva del departamento de Ventas Institucionales para América Latina de HSBC James Capel.

Fue todo un shock para la familia. En especial para María Pame, que en el fondo confiaba en que su hija no pasaría la prueba. A ella no le gustaba nada la idea de tenerla tan lejos, en una ciudad que, por alguna razón, le infundía miedo. "Tiene solamente veinticuatro años, es una nena, ¿qué va a hacer allá, solita?", lloraba para que Coqui convenciera a su hija de que buscara un buen puesto en Buenos Aires.

Máxima partió definitivamente hacia Nueva York en un vuelo directo de Aerolíneas Argentinas. La acompañó su madre, para ayudarla a instalarse, aun en su contra. "Mamá, ya no soy una nena, puedo arreglármelas sola", se quejaba la joven promesa, de recién cumplidos veinticinco. La actual princesa debería reconocer luego que todo se le hubiese hecho más difícil sin María Pame. Ella fue quien le consiguió el pequeño apartamento de la calle 57, entre la Sexta Avenida y la Séptima. Ella fue la que le compró los pocos muebles que faltaban. Ella le llenó la heladera y le eligió los productos de limpieza.

Era un buen barrio: pleno Columbus Circle, cerca del Upper West Side. Bueno y relativamente cómodo para alguien que no conocía la ciudad, pero un poco aburrido. Predominaba la gente grande. Según el "Comprehensive Report" que elaboró el Servicio Secreto holandés para armar la biografía de la princesa que solicitó la reina, el perfil promedio de los vecinos de aquella primera vivienda de Máxima era un hombre o mujer blanca, de 49 años, profesional, con un ingreso de 73.000 dólares anuales, que habitaba una vivienda valuada en 781.300 dólares. El apartamento 28 B del coqueto edificio de la 211 West no era tan caro: apenas un ambiente y medio de 1500 dólares al mes, con un gran espacio living-comedor-habitación y una suerte de hall de ingreso que tenía una cocinita incorporada.

El 1 de julio, la muchacha se calzó su tailleur de pantalón y saco de algodón para marchar a su primer día de trabajo en el HSBC James Capel Inc. Hacía un calor agobiante, pero Máxima optó por caminar las dieciséis cuadras que la separaban de su oficina: tomó por la 57, dobló hacia el sur en Park Avenue, hasta la 47, justo antes de la Grand Central Terminal. Le dieron un escritorio en una enorme sala, rodeado de otra docena de escritorios similares, a varios metros de la ventana más cercana. Al principio se sintió observada, examinada, pero segura. Estaba pasando un buen momento, como le sucede cada vez que se siente linda. Había adelgazado unos kilos, su piel había tornado a un tostado sutil de tantos paseos por el Central Park y había ido a la peluquería el día anterior para llegar radiante: Maxi sabe que el largo cabello rubio es uno de sus puntos fuertes. Al mediodía almorzó con su jefe y a la tarde se animó a conversar un poco con sus compañeros.

A la semana siguiente, María Pame la despidió con un abrazo de mamá y se volvió a Buenos Aires, sintiendo que abandonaba a su hija a la buena de Dios. Pero Máxima ya estaba lista. Por primera vez en su vida, viviría sola; su sueldo no le alcanzaría para contratar a alguien que la ayudara a limpiar, a planchar, a cocinarse, así que debería arreglárselas sola con las tareas del hogar. No se le caería ningún anillo, por cierto. No era una de esas chicas caprichosas, incapaz de hacer algo por su propia cuenta, y su noviazgo con Max Casá le había servido para aprender las cuestiones más rudimentarias de la cocina. Con un entusiasmo casi adolescente, las primeras noches se animó con algunos desafíos algo complejos: omelette de champignon, pollo a la plancha con verduras saltadas, ensaladas tibias. De a poco, fue habituándose a las tradiciones neoyorquinas. Se duchaba, salía de su casa bien temprano, se tomaba el metro en Carnegie Hall, compraba un vaso grande de café con leche y un croissant en Starbucks y desayunaba frente a su computadora. A media mañana hacía un impasse y bajaba a la calle a fumar su primer cigarrillo; allí abajo, hizo los primeros amigos de la oficina, fumadores como ella. Con esos amigos solía ir a almorzar algo rápido a alguno de los bares de la zona, y pronto fueron además sus compañeros de after office. Ese mismo vicio, años después, le sirvió también para entablar una relación de intimidad familiar con la reina Beatrix, que sólo fumaba en la clandestinidad de su palacio.

Cuando terminó el verano, incorporó una nueva actividad a sus mañanas: antes de salir a trabajar, iba al Central Park, a tres cuadras de su departamento, a hacer running. Nunca fue fanática del running o del gimnasio; la hastiaban. Pero se sentía bien con su cuerpo y quería cuidarse. Comenzó a fumar un poco menos. Un día se cruzó con John John Kennedy, hijo del ex presidente John Fitzgerald Kennedy y el soltero más codiciado de la ciudad; decidió dar la vuelta e intentar seguirlo, disimuladamente. Pero no pudo con su ritmo vigoroso. Un par de semanas más tarde volvió a encontrarlo, y le aseguró a una amiga que él la miró fijamente y hasta le sonrió. Ella, en su más tierna pubertad, había armado una carpeta con ganchos número tres donde pegaba en hojas Canson fotos de John John que recortaba de las revistas. Él fue el primer "príncipe" del que se enamoró.

Durante los primeros meses en Manhattan, Máxima procuró hacer amistades locales o, al menos, no juntarse con argentinos. Quería fortalecer su inglés, que ya era excelente; quería imitar el acento neoyorquino. Y deseaba conocer nuevas culturas, abrir su cabeza. Pero no pudo evitar que sus primeros amigos de la ciudad fueran en su gran mayoría latinos: era una cuestión de códigos, de estilo.

A medida que pasaban los meses, se sintió más a gusto en la ciudad. Empezó a conocerla bien, descubrió cuánto más le gustaban las callecitas del Soho o del Village que su propio barrio, encontró muy buenos *delis* con menús a precio de estudiante, se animó a comidas étnicas que no probaba en Buenos Aires, consiguió excelente ropa en liquidaciones asombrosas. Para cuando viajó a la Argentina, financiada por sus padres, para pasar Navidad en familia, ya se sentía toda una chica de mundo, totalmente adaptada a su nueva faceta. Sin embargo, en Buenos Aires parecía querer recuperar cada día su pasado porteño. Salía todas las noches a bailar con amigas, regresaba tarde, dormía hasta el mediodía, se juntaba con las *northlanders* o con sus compañeros de la UCA. Pasó Año Nuevo en Pergamino y luego estuvo unos días en Bariloche con Coqui, Pame y sus hermanos menores. Durante esas vacaciones se hizo fanática del polo: a pesar de que la temporada de alto handicap ya había terminado, se las arregló para ir a ver algunos partidos de segundo nivel.

"Esta ciudad está llena de ratas", repetía. Cada vez que miraba hacia las vías, en la estación de metro de Grand Central, veía ratas.

Por alguna razón, regresó de esa breve estadía en la Argentina más sensible y emotiva. Revalorizó ciertas características de Buenos Aires, como la trascendencia de la amistad, la cercanía de la familia, el campo… Lo cierto es que volvió un poco deprimida, y el frío de Nueva York la amedrentaba. Se sentía ridícula corriendo por el Central Park con gorro y orejeras, así que abandonó por un tiempo su rutina atlética. Y, aunque en el banco tenía buenos compañeros, no se sentía especialmente cercana a ninguno de ellos. Decidió entonces encarar algunos cambios en su vida. Por lo pronto, quería mudarse a una zona más juvenil, más animada. No se lo contó a su madre, porque sabía que no estaría de acuerdo. Y buscó sola, mirando en los clasificados y visitando departamentos los fines de semana. Finalmente, una amiga le recomendó un piso en pleno Soho: el apartamento 5 del 93 de la calle Crosby. Apenas lo vio, supo que ese era el lugar que deseaba. Se mudó en mayo del 97, justo antes de su cumpleaños, así que inauguró ese pequeño loft con una fiesta para pocos, platos de delivery y torta de chocolate.

Era aquel un lugar precioso, en una calle angosta y empedrada. En cada esquina, Máxima tenía bares y restós, tiendas y galerías; esos pocos meses que permaneció allí, vio cómo se iba modificando la fisonomía del barrio: los artistas que ocupaban los viejos lofts reciclados se iban espantados por los nuevos precios de los alquileres, y eran reemplazados por chicos de Wall Street, ejecutivos como ella misma, que se desesperaban por territorios más cool que marcaran claras diferencias con la estética yuppie que pasaba de moda. Las tiendas de diseñadores alternativos les dejaban también sus locales a las grandes marcas, que se alternaban ahora con las pocas galerías de arte que pudieron sobrevivir al cambio; aparecieron Chanel, Armani, Banana Republic, Diesel. Pero el Soho, igual, nunca perdió su encanto y su mística.

La muchacha de Barrio Norte comenzó a vestirse distinto, a comer sushi y a frecuentar los inquietantes sótanos donde servían cosmopolitans secos y tocaban excelentes músicos en vivo. Dejó ya de hacer esfuerzos por evitar a sus compatriotas; se sentía más tranquila con su acento y, al fin de cuentas, los argentinos le seguían pareciendo muy divertidos. Solía reunirse con otros porteños "exiliados" en Novecento, un acogedor restaurante del West Village donde sirven milanesas, ravioles y empanadas, y que funciona como punto de convocatoria de sudamericanos. Allí volvió a encontrarse con su vieja compañera del Northlands, Cynthia Kaufmann. Y recuperaron su amistad. Con ella, Máxima conoció un nuevo mundo en Manhattan. Cynthia era la chica más conectada que conocía. Había llegado a Nueva York apenas un par de años antes que ella, pero se movía en la high society como pez en el agua; no había gala adonde no la invitaran, no había inauguración donde ella no estuviera, no había evento del que no participara. Juntas fueron a las mejores fiestas y a los mejores espectáculos.

En una de esas fiestas, Máxima conoció a un muchacho de origen alemán, muy simpático, muy alto, que le gustó de inmediato. Dieter Zimmermann trabajaba para una empresa sueca en Nueva York, y la cortejó hasta que ella cayó rendida en sus brazos.

Fue un noviazgo intenso. Con muchas discusiones y desacuerdos, pero también con románticos reencuentros. Salían mucho, a ambos les gustan la noche. Y les encantaba probar nuevos restaurantes y nuevos bares. Máxima, arrebatada, llegó a presentárselo a María Pame en una de sus tantas visitas. A Dieter le costó más conquistar a su suegra que a la hija, pero finalmente logró ganarse la bendición. "Es un muchacho judío, pero muy amable", le comentó Pame a Coqui a su vuelta a Buenos Aires.

A los pocos meses de noviazgo, decidieron mudarse juntos: en diciembre, consiguieron un apartamento de dos ambientes, muy bien puesto, en Chelsea. Máxima no estaba del todo convencida de dejar su entrañable loft, pero debió reconocer que era muy incómodo para vivir en pareja; sobre todo, porque ella recibía visitas de la Argentina muy seguido. El futón del living-comedor (con cocina incorporada) del *one bedroom* de Chelsea supo albergar a sus hermanos Martín y Juan, que no podían creer lo que había cambiado Máxima. También solía programar encuentros de fin de semana, tanto en Nueva York como en Miami, con su amiga Carola Mengolini, que vivía en esa ciudad de Florida; no era de sus amigas más antiguas, pero se veían tan parecidas que se hicieron grandes confidentes.

Otra vez María Pame —esta vez acompañada por su marido— debió viajar hasta allí para firmar el alquiler a nombre suyo, porque daba mejores garantías a la inmobiliaria. A los Zorreguieta no les gustó demasiado la nueva zona: en la cuadra de la calle 20 entre Séptima y Octava, la gitana Lisa leía las manos por tan sólo cinco dólares en un localcito de dos por dos, luego venía una librería de viejo, una peluquería como las de antes y un lavadero de ropa que era también lugar de levante gay; porque Chelsea, en especial ese sector conocido como Photo District, es el barrio preferido de los jóvenes artistas y de los gays.

El "Comprehensive Report" que recibió la reina dieciocho meses después especificaba el perfil promedio de los vecinos de Máxima y Dieter: hombre, 40 años, con ingresos por 57.599 dólares anuales, que ocupa una vivienda valuada en 236.000 dólares.

Sus dos mudanzas y tres departamentos en menos de dos años y medio revelan, además de su inconformismo, cómo fue adaptándose la economista argentina a Nueva York. Evidentemente, a medida que conocía mejor la ciudad, iba adentrándose en sus formas y su estilo; se estaba convirtiendo, en definitiva, en toda una neoyorquina. De aquel piso de la calle 57, típico barrio corporativo, donde residen los ejecutivos recién arribados a la isla, a ese loft de la calle Crosby, en pleno Soho, ya había una diferencia notable: se mudó de la practicidad a la bohemia. Y su nuevo carácter quedó aun más explicitado con el traslado en concubinato al dos ambientes de Chelsea, siguiendo la ruta de los artistas que buscaban alternativas más económicas y no tan contaminadas de consumismo como el Soho o el Village.

La mutación sorprendió a su hermana Dolores, la menor de las hijas que Coqui tuvo con Marta López Gil, que vivía en Nueva York desde 1992. Artista plástica de vanguardia, habían tenido con Máxima una buena relación de niñas, pero el tiempo las fue llevando por caminos distintos. "Tenemos vidas muy diferentes", explica Loli, que odia que la llamen Lola. Sin embargo, en esta última etapa de Máxima en Manhattan, tuvieron más contactos de lo habitual, porque la artista solía recorrer las galerías de Chelsea en busca de inspiración y el departamento de su hermana le quedaba de paso.

Loli es una suerte de oveja negra de los Zorreguieta: tiene tendencia a realizar obras escandalosas y viscerales, que sus padres no sólo no entienden sino que reprueban. En Buenos Aires, exhibió penes en diversos materiales reciclados y una original colección denominada "Heridas", con fuertes metáforas a la represión, la violencia y la tortura; Coqui visitó la muestra, curado de espanto. Máxima, sin embargo, desde que es princesa, siempre la ha ayudado a promover su obra: en 2004 viajó especialmente desde Holanda para la inauguración de la muestra "Fotonovela" en el Museo de Bellas Artes de Buenos Aires, y fue al museo de arte moderno Cobra, de Ámsterdam, cuando exhibió una recopilación de su trabajo con el título "Amor\romance". Allí podían verse esculturas realizadas con cuerdas, telas de araña secas, fotos y videos. Impactaban dos obras, en las que los holandeses creyeron ver referencias indirectas a la vida marital de su hermana más famosa: "Luna de Miel", una especie de larva gigante que yace en el suelo y que evoca trozos de tripa manchada de sangre, y un muy particular vestido de novia realizado con curitas y salpicado, también, con sangre.

"A Maxi le gusta el arte", avisaba Dolores Zorreguieta a quienes no quisieran creerle. Y señala que Coqui, el padre de ambas, es quien les inculcó ese gusto: "En la Argentina, era papá el que nos quería llevar a ver museos. A mamá siempre le pareció que en el campo teníamos cosas más antiguas que cualquier cosa exhibida en un museo público. Si íbamos al Museo de la Ciudad, mamá sacaba sarpullido porque decía que los inmigrantes tenían mal gusto. El Museo del Traje de Buenos Aires no se comparaba ni a la legua con el desván de la tía Azucena. Y en el Museo de Bellas Artes no hacía más que comentar dónde había visto esos cuadros antaño, antes de que los herederos los donaran para no pagar sucesión. Por eso mi infancia fue museum free...".

A fines de aquel prolífico 97, justo antes del traslado a Chelsea, Máxima estuvo a punto de viajar a Buenos Aires junto a su novio. Pero cuando ya estaba todo planeado, tuvieron una nueva pelea y cada uno se fue de vacaciones por su lado: Dieter viajó a Europa y Máxima volvió a visitar a los suyos en la Argentina; por primera vez, pudo pagarse ella misma el pasaje ida y vuelta. En Buenos Aires hizo lo de siempre: salió mucho, miró polo, visitó Pergamino, se reunió cada día con sus amigas. Se enorgulleció al descubrir que varios de sus compañeros de facultad estaban ocupando cargos de cierta relevancia en empresas y bancos. Sintió, de alguna forma, que le había llegado la hora a su generación. Ella, sin embargo, seguía ocupando el mismo cargo que cuando ingresó a HSBC James Capel. No podía quejarse... Pero era cierto que, tal vez, pudiera aspirar a más.

Aprovechó sus vacaciones en Buenos Aires para hacer contacto con algunos conocidos que podían ayudarla a conseguir un nuevo empleo en Manhattan, entre ellos, un directivo del Deutsche Bank que había estado largo tiempo en el sector de inversiones de la sucursal neoyorquina. Aunque no siguió adelante con las tratativas, Máxima retornó a los Estados Unidos dispuesta a cambiar de trabajo.

En marzo, finalmente, pudo concretar ese salto y asumió como vicepresidente del departamento de Mercados Emergentes de Dresdner Kleinwort Benson, uno de los bancos de inversión más importantes del mundo. La vicepresidencia, de acuerdo al modelo corporativo americano, es un cargo gerencial, que no necesariamente es de tanta importancia como el grandilocuente título que lleva; sin embargo, para ella fue un salto importante: consiguió una mejora del treinta por ciento respecto a su sueldo anterior y comenzó a desempeñarse en obligaciones y en renta variable, dos especializaciones que le permitían perfilarse muy bien en el siempre movedizo mercado laboral bancario de Nueva York.

El 98 fue para ella un año extraño. A medida que se afianzaba en Dresdner Kleinwort Benson, se resentía su relación con

Dieter. Él era un hombre frío, distante... aunque debía reconocer que había sido de gran apoyo en su paso del HSBC al Dresdner. "Arriesgate, no va a pasar nada. Y si pasa algo yo gano lo suficiente para mantener el apartamento y a vos por unos cuantos meses", la tranquilizó. Máxima trabajaba, feliz e insaciable, de 8 a 18. Tenía dos empleados a cargo, clientes importantes a los que asesoraba acerca de negocios "exóticos" en América Latina y Asia, viajaba bastante para cerrar acuerdos comerciales. Intentaba siempre, de cualquier forma, reservarse los fines de semana para Nueva York, no tanto para estar con su novio; más bien para encontrarse con sus amigas y amigos argentinos. Luego de unos meses dedicados especialmente a su relación amorosa, Máxima estaba de regreso en la movida nocturna... Cynthia la llevaba a sus fiestas, se juntaban en grupos nutridos y divertidos en algún restó del Soho, salían de bares hasta bien entrada la madrugada; a veces la acompañaba Dieter, a veces no. Pero ya no se mostraban tan acaramelados. En una de esas cenas argentinas conoció a un joven de melena profusa, economista como ella, con quien charló largo y tendido toda la noche. Se llamaba Martín Lousteau, venía de hacer un máster en Londres, su padre había sido funcionario de la dictadura como el padre de Máxima y, diez años más tarde, llegaría a ministro de Economía de la Argentina, aunque por un corto período al comienzo de la gestión de la presidenta Cristina Kirchner. En abril de 2008 volvieron a encontrarse: ella lo fue a ver al Ministerio para pedirle apoyo para su plan de microcréditos, en su condición de princesa de Holanda y miembro del Grupo de Asesores de la Organización de Naciones Unidas para el desarrollo de Sectores Financieros Incluyentes. Máxima lo había visto, aquella primera vez en Nueva York, mucho más apuesto y menos ojeroso.

La convivencia suele alargar los plazos. Convertir la pasión en rutina. Hace falta esforzarse para que el deseo no se consuma, y Maxi y Dieter estaban más enfocados en sus proyectos laborales que en sus planes de pareja.

Eso le contó Máxima Zorreguieta a su amiga Cynthia Kaufmann mientras subían juntas en la telesilla que las llevaba a lo alto de la montaña, en Stratton. Corría enero del 99 y habían ido juntas al centro invernal de Vermont. Allí compartieron tres días a puro esquí y charlas, como tantos años antes, durante el viaje de egresadas a Bariloche.

—No sé qué pasa con Dieter. Ya no me divierto, es un embole... —le confesó.

—¿Te vas a separar?

—No, no, no quiero. A mí me gusta él. Antes la pasábamos bien. Además es un lío. Compartimos el departamento, tendría que echarlo.

Cynthia hizo un silencio cómplice...

—¿En qué pensás? —le preguntó Máxima.

—Tengo un tipo ideal para vos...

—¡Estás loca! ¡No puedo pensar en un novio nuevo hasta no definir qué hago con el viejo!

—Lo conocí hace poco, es ideal para vos. Pero no te voy a decir nada más.

Bajaron esquiando. Hacía mucho frío, pero brillaba el sol. Decidieron tomar un café en un parador de la base.

—Dale, ¿quién es?

—No te lo voy a decir. Ya te lo voy a presentar —respondió, juguetona, Cynthia.

—¡Dejate de joder! Decime… ¿Quién es?

—Tené paciencia. Cuando te enteres, te vas a caer de culo.

## Capítulo 7
## Romance de Estado

No murió de amor apenas lo vio. Tampoco le pareció demasiado apuesto. Es que siempre le gustaron morochos, latinos prototípicos. Y Willem Alexander está muy lejos de serlo. Pero con el tiempo, y gracias al empeño del príncipe, Máxima aprendió a amarlo. Y ahora está convencida, y hasta intenta convencer a sus amigas, de que es un hombre apuesto.

Se vieron por primera vez en marzo del 99. El encuentro se produjo gracias a Cynthia Kaufmann. La compañera del último año del Northlands de Máxima, infaltable en los eventos de la elite neoyorquina, había conocido a Willem Alexander en el maratón de Nueva York, cuatro años antes. Luego lo cruzó en alguna que otra fiesta, en la Gran Manzana y en Europa; tenían amigos en común y entre ellos, sin ser íntimos, armaron una relación cordial y confidente. Hasta que aquel día de esquí en Stratton, a Cynthia, celestina amateur, se le ocurrió que Máxima le encantaría a su amigo príncipe. Incluso le envió por e-mail algunas fotos de la argentina que lo impactaron: Máxima bailando, Máxima montando a caballo, Máxima con tailleur de ejecutiva…

No hubo imagen en que Willem Alexander no la viera perfecta.

—Esta mujer es divina —le comentó a Cynthia.

—Y cuando la conozcas, te vas a enamorar. Máxima es para vos —le prometió la chica.

A Máxima, que ya estaba al tanto de las tratativas de su amiga, la entusiasmaba la posibilidad de un encuentro. Con Dieter las cosas seguían de mal en peor. Así que no dudó ni un minuto en aceptar la invitación que Willem Alexander le hacía a través de Cynthia para conocerse en Sevilla. Sin embargo, la excitación por la aventura que estaba por vivir se atenuaba con la angustia que desde hacía unos meses le producía la complicada relación con su novio. Después de tomar la decisión de sumarse al viaje que organizaba Cynthia, caminó hacia su departamento dispuesta a plantearle una separación. Pero no le salieron las palabras. Se sentó en el borde de la cama y lloró hasta agotarse. Dieter la miraba sin hacer el más mínimo comentario. Máxima no pudo decirle que quería separarse, pero le avisó que el siguiente viernes estaría viajando a España con unas amigas. Dieter prendió el televisor y puso un canal de documentales. En ese momento, confirmó que con Dieter ya no había retorno posible.

Con la ilusión de una quinceañera, el primer fin de semana de marzo voló a Madrid, y de allí a Andalucía. El encuentro se concretó en una fiesta de la ExpoSevilla. Willem Alexander se sintió un hombre de suerte cuando descubrió a la chica de las fotos bailando sola, en medio de la pista. Máxima improvisaba pasos, cantaba —con desafinación extrema— y no paraba de reírse. Quizás era su carácter, o tal vez fuera el trago a base de ron la razón de su alegría. Él todavía no lo sabía, pero se moría de ganas por averiguarlo. Esperó que ella volviera junto a su amiga para acercarse. Cuando Cynthia le dijo que el rubio grandote que caminaba hacia ellas, acompañado de un guardaespaldas, era el heredero del trono holandés, Máxima pensó que se trataba de una broma.

—¿Ése? ¡No jodas!

Cynthia lo saludó con doble beso y los presentó. Máxima dudó si imitar a su amiga, pero en un segundo resolvió estirar la mano. El príncipe se la estrechó, pero no la soltó de inmediato. La invitó a bailar. La joven economista argentina, más curiosa que deslumbrada, aceptó. Y él la llevó a la pista, aferrado a su mano.

—Te veía bailando hace un rato, lo haces muy bien —le dijo el príncipe en castellano básico.

Bailaron juntos. Se rozaron. Willem Alexander, bromeando, improvisó un tango. Se enroscaron torpemente cuando sonó Elvis. Después de varias canciones, las manos del príncipe se clavaron en su cintura. Tuvo que frenar el impulso de besarla.

Ella lo cargaba, miraba a sus amigas y les gritaba: "¡Es de madera!".

—¿Qué dices? ¿Qué dices? —preguntaba el príncipe confundido.

—That you are made of wood! —le contestó sincera.

Y él se rió. Y se enamoró.

Su primera impresión sobre Willem Alexander no fue muy auspiciosa. Le pareció simpático. Y bastante atrevido, tratándose de un príncipe. Pero la avergonzaba un poco al mirarla sin el menor disimulo. Sin embargo, ese desparpajo terminó agradándole, aunque le costara reconocerlo. También le gustó la primera noche que pasaron juntos y las decenas de llamadas telefónicas diarias que comenzó a recibir en su departamento de Nueva York, cuando volvió de su viaje español. Si su noviazgo con Dieter Zimmermann ya venía a la deriva, terminó de naufragar cuando apareció en escena Willem Alexander. A los tres días de regresar de España, ya lo había expulsado de su departamento. Nunca más se supo de él; los amigos de Máxima no volvieron a verlo; apenas tuvo una sorprendente y pequeña reaparición tres meses después, cuando el romance real se hizo público y un periodista holandés encontró al novio despechado. "Maxi me engañó con su príncipe. Aún la amo y me dolió lo que hizo, pero por el amor que todavía siento, le deseo lo mejor", declaró.

De todos modos, a medida que la nueva relación iba afianzándose, a fuerza de horas de charla telefónica y de viajes relámpago, algunas cosas, no podía evitarlo, le preocupaban a la argentina. Su flamante pareja —aunque aún no tenía esa categoría— no mostraba pudor alguno en mencionarle a su madre cada vez que se veían. "A mi mamá le vas a encantar", le repetía. Y a Máxima le daba una especie de escozor pensar que su suegra estaría tan presente en la relación. "Much better", le respondía, rogando que él se olvidara por un rato de su familia.

Pero esas preocupaciones se entremezclaban con otros momentos soberbios. Momentos que le hicieron entender de qué se trataba eso de ser la novia de un príncipe. Desde que Willem Alexander había entrado en su vida, sus días transcurrían en una especie de fiesta continua. Volaba en su avión privado hasta Nueva York sólo para verla. Eran estrellas en las mejores fiestas de Manhattan. Él era, sin dudas, el pasaporte al mundo de los elegidos al que aspiró desde pequeña, ese mundo con el que soñó Carmenza para alguna de sus hijas y que tanto deseó Coqui Zorreguieta. La hacía sentir, al fin de cuentas, como una princesa. Y además de todo demostraba ser un buen hombre, amable, sencillo; el candidato ideal.

Aunque… algo pasaba: no se le aflojaban las piernas cada vez que lo veía. No era falta de amor. Porque lo extrañaba cuando no estaba, y esperaba ansiosa que sonara su celular y encontrar la palabra "Alex" en la pantalla.

¿Qué le sucedía entonces? Una tarde intentó explicárselo a una amiga, en un breve viaje a Miami: no lograba separar a Willem Alexander de su investidura. No era muy buen mozo y usaba pantalones chocantes, pero le gustaba, aunque no podía relajarse a su lado; la seducía, para qué negarlo, transformarse en princesa, en reina. Hasta que recordaba que eso sería para toda su existencia, la suya, la de sus hijos, la de sus nietos. Que una vez dado ese paso, no habría lugar para arrepentimientos. No podría convertir la carroza de nuevo en calabaza. Más tarde o más temprano debería dejar su trabajo, Nueva York, su nacionalidad, convertirse en un personaje público, vivir bajo la lupa de la reina y del mundo. Era más presión de la que estaba acostumbrada a soportar. Le costaba pensar cómo sería criar a uno de sus hijos para que fuera rey. No era que no lo quisiera, era que ni siquiera podía imaginárselo. Su corazón latía más fuerte cuando pensaba en lo que la esperaba si formalizaban la relación. "Por algo será que se te cruzó. No podés hacerte la distraída. Dale una oportunidad, es un buen tipo y lo tenés muerto", la aconsejó su amiga en Miami.

Sus padres, que siempre habían aspirado a un joven aristócrata para ella, estaban superados por la situación. ¡Esto era demasiado! A María Pame le encantaba la idea de entrar a la realeza por la puerta grande. Sin embargo, de repente, se le apareció una palabra que había perdido su real sentido hacía tiempo: felicidad. ¿Y si Maxi no era feliz como princesa? "Yo te apoyo, y creo que serías una gran princesa. Pero pensá muy bien antes de tomar una decisión, porque vas a perder tu libertad", le avisó Coqui a su hija. Máxima sabía que tenía razón. Pero tampoco podía dejar pasar la oportunidad que le daba el destino.

Encima, justo en ese mismo momento, estaba negociando su salida de Dresdner Kleinwort Benson para pasarse al Deutsche Bank; eso la ponía aún un poco más nerviosa. Había recibido el ofrecimiento luego de negociarlo con un amigo en Buenos Aires. De hecho, finalmente el nombramiento salió en julio del 99 vía la sucursal porteña del Deutsche. Ella dudó si ingresar o no al banco; la relación con Willem Alexander ya estaba consolidándose y el príncipe le insistía para que dejara de trabajar, así podrían pasar más tiempo juntos. En el fondo, a Máxima le parecía un despropósito aceptar un nuevo empleo, cuando sabía que podría prestarle poca atención y era muy probable que debiera dejarlo pronto. ¿Qué hacer? ¿Arriesgar el todo por el todo? A la pareja de argentinos que les subalquiló el departamento de Chelsea por dos meses le confesó que estaba preocupada: por ese noviazgo secreto estaba poniendo en riesgo su trabajo, su vivienda, buena parte de su vida… ¿Y si aquella apuesta no resultaba?

Por esos temores terminó aceptando el puesto en el departamento de Ventas Institucionales del Deutsche Bank, aunque negoció con sus nuevos jefes un modelo que le permitiera cierta flexibilidad para poder viajar. "Tengo un compromiso personal ineludible"; explicaba en un mail. Claro que, para obtener esa franquicia, tuvo que blanquear con ellos de qué se trataba dicho "compromiso": un flamante noviazgo con el príncipe heredero de la corona de Holanda.

La reina ya estaba al tanto de su existencia, de su pasado, de su presente y, casi, de su futuro. Entonces, sí. Máxima era digna de conocerla. Noventa días después de aquella primera noche de amor en Sevilla, Beatrix le informó a su hijo mayor que su novia sería bien recibida en la casa de verano de Tavernelle. Máxima se preparó como si fuera a una entrevista laboral para el puesto más difícil del planeta. Pensó cada palabra que diría. Se puso a dieta. Usaba la hora del almuerzo para elegir la vestimenta que llevaría a Italia.

—No te preocupes tanto por la ropa. Vas a usar traje de baño todo el día —le dijo él, como si nada, cuando la argentina le contó de sus paseos de shopping.

Máxima casi se desmaya. ¡Conocer a su suegra en traje de baño! No se imaginaba una situación más incómoda. Pero no había vuelta atrás. No era ella quien decidía. Así que volvió a lanzarse a la aventura. Y le fue muy bien… Luego de compartir unos días a bordo del *Dragón Verde*, el yate de la familia real, navegando por la riviera Toscana, Beatrix quedó encantada con ella.

Durante un atardecer en que quedaron solas, en la cubierta, a resguardo de la brisa mediterránea por unas mantas que tenían el escudo real bordado en oro, la reina le dijo una frase que Máxima sintió como una aprobación y también como advertencia: "Aprecio tus virtudes, pero tu amor por Alex también deberá reflejarse en el respeto al protocolo, que establezco yo".

Su futuro suegro, el príncipe Claus, fue extremadamente amable con ella. "Aprende holandés rápidamente", le recomendó, y que no hiciera como él, agregó, que no había podido despegarse del alemán. Máxima no le confió un secreto: ya se había comprado unos libros sobre gramática holandesa por Amazon, unas semanas antes. Solía estudiar en los viajes en metro camino al banco o en los más glamorosos trayectos transatlánticos en primera clase para encontrarse con su príncipe.

No podía creer que alguien la quisiera tanto. La reconfortaba saber que, así estuviera más gorda o más delgada, él la veía perfecta. Willem Alexander la empalagaba con mails cargados de cursilerías. Día por medio, le hacía llegar flores a su casa y la sorprendía con visitas inesperadas. Lo primero que la enamoró fue su forma de amarla. "Soy capaz de dejar todo por vos", le aseguraba el príncipe, intuyendo la tormenta que se avecinaba. A Máxima le parecía muy romántico que alguien se animara a dejar todo por ella, especialmente porque ese todo era nada más ni nada menos que un reino, pero anhelaba que no hiciera falta. Compartir sus días con un hombre que alguna vez fue príncipe y dejó de serlo por su culpa no era lo que había imaginado cuando lo conoció en Sevilla. La posibilidad de convertirse en princesa era una idea que la atraía cada vez más.

La presentación de Willem Alexander a los Zorreguieta no debía ofrecer mayores escollos. Pero cuando su novia le pidió que lo acompañara a la Argentina a conocer a sus padres, él se puso tan nervioso como Máxima lo había estado antes de conocer a la reina. Aún no habían pasado seis meses desde que se habían conocido en Sevilla, y se acumulaban uno tras otro los compromisos que formalizaban la relación. En mayo del 99 los medios holandeses publicaron las primeras fotos de ella. En junio se inició la polémica por el pasado del padre de la novia como alto funcionario de la dictadura militar. A principios de julio se hizo la presentación oficial a la reina. Al día siguiente, el vocero de la Casa Real reconocía: "Existe un vínculo entre el príncipe y Máxima Zorreguieta". Un mes después, la pareja viajó a Bariloche para encontrarse con Coqui y María Pame en la ciudad adonde iban a esquinar cada invierno.

Para ellos, claro está, la visita de un príncipe tampoco era cosa de todos los días. A la madre casi le da un infarto cuando le avisó que estarían volando en el avión del reino a la semana siguiente. "¡Pero estás loca! ¡No tengo tiempo para organizar nada!" La primera reacción de María Pame fue hacer una reserva en el Llao Llao o en el hotel Catedral, en la base del cerro. Pero Máxima se negó. El príncipe viajaba de incógnito. No querían que las revistas del corazón holandesas y argentinas los molestaran. "Paramos con ustedes", concluyó la novia. Y le aclaró, más cariñosa: "Mamá, no te preocupes por nada. Alex es el tipo más sencillo del mundo".

El "paramos con ustedes", sin embargo, no era tan fácil de cumplir. Porque ellos todavía no tenían dónde alojarse en Bariloche. La cabaña de madera y material que los Zorreguieta compraron a mediados de la década del 70 en la coqueta Villa Catedral, al pie de la montaña, había quedado destruida ese mismo verano del 99, tras el voraz incendio que arrasó con la base del cerro y se extendió hacia el lago Gutiérrez. María Pame recurrió entonces a su amiga y vecina en la villa, Clara Monpelat, para que le alquilara su casa de descanso. Aunque María Pame tenía prohibido contar que su hija llegaba con el príncipe, no pudo ocultárselo a Clara: en un principio, ella le dijo que no estaba interesada en alquilar porque era probable que fuera a pasar unos días de agosto con su familia. Cuando los Zorreguieta le contaron quién sería el huésped, ella accedió gentilmente. En verdad, María Pame se moría por contarles a todas sus amigas que la pareja casi real venía a la Argentina, pero Máxima le rogó que guardara el secreto. Se lo dijo con palabras de hija: "Mordete la lengua, mamá".

Willem Alexander y Máxima llegaron acompañados sólo por dos guardaespaldas, que ni siquiera se hospedaron con ellos durante esas vacaciones; no había más lugar en la casa de troncos, de una sola planta. El príncipe quedó encantado con Bariloche, aunque las instalaciones del cerro Catedral eran bastante más precarias que las de las pistas donde él solía esquiar en Austria o Suiza. Salían temprano, enfundados en gorros y antiparras para que no los reconocieran. El príncipe estaba sorprendido por lo bien que esquiaba Coqui, a pesar de sus setenta y un años; ellos hicieron buenas migas enseguida. Subían juntos en la silla doble, y conversaban mucho. Luego, todos juntos, almorzaban en lo alto de la montaña. El príncipe probó el goulash del refugio Lynch y las hamburguesas caseras del parador El Barrilete. Regresaban a la villa con el atardecer; los guardaespaldas los esperaban en la base, y los llevaban en su auto a la casa alquilada. Máxima estaba feliz: ya no tenía que caminar con los esquís al hombro los quinientos metros que la separaban de su vivienda, o del club CUBA como cuando era pequeña.

Por la tarde, iban de paseo a Bariloche en la camioneta 4 x 4 de vidrios polarizados, o tomaban el té en el hotel Llao Llao. A la noche, volvían para cenar en familia. A veces cocinaba María Pame, que por más que se esforzaba seguía demostrando su falta de mano; a veces cocinaba Martín, un poco más atrevido[4]; la mayoría de las veces era la tía Marcela la que se hacía cargo de ollas y sartenes. Luego se quedaban conversando hasta tarde, tomando whisky o vodka, al abrigo del hogar a leña. Coqui se animó un par de veces a entonar folclore para su invitado célebre, acompañado por su guitarra y el coro de sus hijos como antaño. Después de la medianoche, a la cama. Al príncipe le tocó el cuarto más pequeño en que durmió en su vida: un rectángulo de 1,80 x 2,40, con una cama marinera, a varios pasos de distancia del baño más cercano. No hay ninguna evidencia de que Máxima, que compartía habitación con su hermana Inés, se haya mudado de cama alguna de esas noches, como hacía en los inviernos de niña, cuando caminaba somnolienta a la cama de

---

[4] Martín Zorreguieta es ahora propietario de dos restaurantes, uno en Villa La Angostura y otro en Bariloche.

sus padres. A la luz del día, Alex y Maxi estaban siempre pego-teados, besándose, mimándose, abrazados. Se veían poco y, cuando estaban juntos, recuperaban el tiempo perdido. Gracias a la hospitalidad de los Zorreguieta, el príncipe la pasó muy bien en su estadía patagónica, viviendo la aventura del anonimato. Carecer de privilegios le resultaba una experiencia completamente desconocida. Máxima se divertía observándolo extender las sábanas de su cama o esforzándose, con más voluntad que habilidad, en preparar el desayuno para todos.

Por eso la separación, esta vez, les costó mucho más. El avión privado dejó a Máxima en Nueva York y siguió viaje a La Haya. Máxima se sintió vacía… Tomó un taxi hasta la 66 y la Second Avenue, donde una amiga le prestaba un departamento; el portero tuvo que ayudarla a abrir la puerta, porque la cerradura andaba mal. Entró y lo sintió tan ajeno que le dieron ganas de llorar. Había tenido que dejar su "tupper" de Chelsea porque debía ponerse a resguardo de los paparazzis. Y sentía que empezaba a crearse una distancia con su anterior vida, con aquella ejecutiva que llegó a la Gran Manzana con tan sólo veinticuatro años dispuesta a llevarse el mundo por delante. Al día siguiente regresó a su escritorio en el banco, bajó sola al mediodía a comprar una sopa al Bread Market Café y se dio cuenta de que lo extrañaba. Y extrañaba su vida de princesa. Contó melancólica que, en Bariloche, Willem Alexander la había hecho sentir una princesa, incluso cuando no gozaron de ninguna de las comodidades ni de las ventajas de la realeza.

Tuvo por entonces su último intento de resistencia. Quiso concentrarse en sus tareas, apostar al crecimiento profesional como hacía antes. Se le cruzó la idea de que todo aquello que estaba viviendo bien podía terminar en un mal cuento. Dudaba de hasta dónde podía llegar el escándalo por el pasado de su padre y temía que el príncipe, al fin de cuentas un ex mujeriego, pudiera cambiar de pretendiente. Sin embargo, no logró volver a entusiasmarse con el Deutsche Bank. Estaba distraída, pensando siempre en otra cosa. Y le resultaba imposible resistirse a las invitaciones de su novio para formar parte de cada minuto de su vida. Él insistía en tenerla todo el tiempo a su lado. Máxima se sentía tan halagada como asfixiada. Pero no encontraba el modo de frenar tanto amor. Y así volvió a embarcarse en el avión de su novio, que la llevó a Florencia para descansar de tantas presentaciones familiares. En la ciudad toscana, un paparazzi los fotografió juntos por primera vez. A partir de aquella foto, que confirmó para el gran público que la relación ya tenía formato de noviazgo, Máxima se convirtió en la mujer más buscada para la prensa holandesa. La pareja no contempló el impacto mediático que causaría la imagen, como tampoco la reacción de la reina, que les ordenó cuidar mejor su intimidad. Beatrix quería esperar para presentarla como la novia de su hijo, pero Willem Alexander se le iba de las manos. Nunca antes había estado tan enamorado.

Como un adolescente en plena revolución hormonal, abandonaba sus obligaciones protocolares para viajar a Nueva York, aunque fuera sólo por dos días, y hacer usufructo de su rol de novio. Los fines de semana en Manhattan se resumían en días enteros encerrados en el departamento prestado de su novia. Durante la semana, ella cumplía con su horario de trabajo mientras él se ocupaba de los asuntos de la Casa Real a través de Internet o entrenaba en el Central Park.

La relación entró en su mejor momento, sobre todo porque Beatrix estaba fascinada con Máxima y eso descomprimía la delicada situación amorosa. Envalentonado con la aprobación de su madre, Willem Alexander se desvivía por incluirla en todos sus viajes, ya que sólo podrían convivir una vez que fueran marido y mujer. Cuando Máxima celebró la llegada del año 2000 junto a la familia real en la India, se sintió definitivamente aceptada y apostó el resto: decidió jugarse entera para que esa relación que tanto la asustaba terminara en matrimonio.

El 26 de abril viajó a Ámsterdam, para asistir al día siguiente a los festejos del cumpleaños número 33 del príncipe. Y para entregar, una semana después, su independencia en bandeja de oro: ya no volvió a vivir a Nueva York. A principios de mayo se mudó sola a un departamento de 225 metros cuadrados en el mejor barrio de Bruselas, propiedad de la reina, para comenzar en Bélgica un período de entrenamiento en pos de convertirse oficialmente en princesa.

La mudanza tenía tres objetivos, según los consejeros de palacio: "que ella y el príncipe tuvieran el espacio suficiente y necesario para conocerse mejor", que Máxima pudiera "acercarse a nuestra forma de vida y a nuestro idioma" y, por último, que terminara de comprender que "es fundamental que su futuro junto al príncipe será muy distinto de lo que fue su vida en la Argentina y en Nueva York". El comunicado de la Casa Real finalizaba con una notificación: "Se trata de dos personas enamoradas que quieren conocerse mejor y que perciben muy bien que están frente a una decisión importante que tendrá consecuencias enormes".

En Bruselas, había concluido la reina Beatrix, ella podría permanecer cerca de Willem Alexander, estudiar holandés y, a su vez, estaría a resguardo del acoso de la prensa holandesa. Máxima acató todas las órdenes. Como premio a tanta obediencia, en junio de 2000, la Casa Real la incluyó junto al príncipe en una foto oficial durante una fiesta en La Haya. La argentina, al menos ante la lente periodística, ya era parte de la realeza europea. Y en la foto salió preciosa.

Pero Máxima seguía bajo mucha presión. Aunque trataba de disimularlo, comenzaba a sentir el peso de sus nuevas obligaciones. Le costaba eso de cuidarse de cada cosa que hiciera; en cada paso que daba se sentía observada, juzgada. El príncipe se dio cuenta. En sus últimas visitas a Bruselas, luego de la estadía como pupila en una academia de holandés, el Instituto Ceran —donde ella se enclaustró a estudiar—, la había notado más tensa; había perdido esa frescura natural que tanto le gustaba a él y a los holandeses. Decidió entonces darle un respiro. Dejarla sola durante un par de semanas, no atosigarla con nuevos compromisos reales. Sin embargo, no era eso lo que Máxima necesitaba; ella quería sentirse apoyada. Las fotos de Willem Alexander en compañía de su ex, Emily Bremers, en una revista holandesa, no cayeron en el mejor momento...

Willem Alexander esperaba, en realidad, que su novia no hubiera visto la revista. Y cuando se encontraron en la sala VIP del aeropuerto de Bruselas, en su siguiente visita, corrió a besarla. Pero ella lo paró en seco, olvidó por un rato las formas reales y le reprochó a los gritos ese encuentro con Emily. El príncipe intentó darle una explicación lógica. Pero a Máxima no le gustó ni un poco el ocultamiento de la información. Y se lo hizo saber, sin protocolo.

—¿Qué otras cosas hacés mientras yo estoy encerrada en Bruselas? ¿Quién te creés que soy? —le recriminó Máxima.

Cuando hacia finales de 2000 le llegaron nuevos rumores de un encuentro con su ex novia, volvió a explotar. No quería saber si era verdad o no. Sólo quería dejarle en claro a Willem Alexander que había cosas con las que ella no estaba dispuesta a negociar. Si bien no echaría todo a perder, sentía que debía poner límites. Después de una noche de insomnio, llamó a Buenos Aires y avisó que viajaría sola para pasar Navidad en familia. Le pidió a su madre que le guardaran un lugar en el campo de su tía Rita, en Pergamino. María Pame se preocupó, conocía el tono de la voz de su hija. Parecía angustiada, de pésimo humor. Máxima estaba segura de que, si se quedaba en Europa, las cosas empeorarían. Conociendo los rasgos posesivos de su novio, le pidió que no intentara convencerla de nada. "Quiero estar sola. Espero que puedas respetarlo", le dijo. El príncipe simuló entenderla. Nunca antes la había visto tan enojada y la dejó partir sin presentar objeciones. La acompañó hasta la puerta de su avión. Le pidió que lo perdonara. Máxima ya lo había perdonado, pero no lo reconoció. Quería que escarmentara.

Cuando llegó a Pergamino, la distancia y el clima campestre le dieron una nueva dimensión a los hechos. Nada podía ser tan grave como para poner en duda la relación. Cuando el 26 de diciembre Willem Alexander la sorprendió con un viaje desesperado a Buenos Aires, volvió a repetir un rasgo posesivo, pero esta vez ella se derritió de amor.

Dos días después, la pareja y la familia Zorreguieta se refugiaron en Cholila, un pueblito de la provincia de Chubut que reposa sobre la cordillera, para celebrar el fin de año. Allí, en las tierras que supieron ser de los célebres bandidos norteamericanos Butch Cassidy y Sundance Kid, se alojaron en la hostería El Pedregoso, propiedad de los hermanos Rocca, los dueños del poderoso grupo industrial Techint. Es una hostería pintoresca y sencilla, que suele albergar a los mejores pescadores de mosca de la Argentina y del mundo. Tiene tan sólo cuatro habitaciones; todas fueron ocupadas por la delegación de Máxima. Esta vez, Willem Alexander tuvo más suerte: le tocó un cuarto grande, con cama matrimonial. No tenía teléfono ni TV, pero su ventanal daba al transparente río Carrileufú que hay que cruzar, a través de un puente colgante, para llegar a El Pedregoso. Cada habitación sale tan sólo 120 dólares la noche; debe ser uno de los alojamientos más baratos que pagó el príncipe en su vida.

Willem Alexander salía bien temprano con Coqui y los hermanos de Máxima a pescar. La novia a veces los acompañaba y a veces se quedaba con su madre; aprovechaba para conversar con ella, o para leer. Una mañana hojeó el cuaderno de visitas. Allí, en el listado de huéspedes de la hostería, encontró a un viejo amigo de su padre: José Alfredo Martínez de Hoz había estado con su familia un par de meses antes. Se habrá aburrido; el ex ministro prefiere la caza a la pesca.

Para la cena de Año Nuevo, la cocinera de El Pedregoso, doña Chela, les preparó un cordero patagónico que el príncipe juró no olvidar por el resto de su vida. Acompañaron con vino malbec y con champán. A la medianoche, Willem Alexander levantó la copa y bromeó: "Por que este sea el último año de Maxi como plebeya".

Ventiún días. Sólo ventiún días pasaron para que ella escuchara, ya sin bromas, las palabras mágicas: *"Do you want to marry me?"*. El candidato no podía ser mejor: el príncipe de Holanda le suplicaba que se convirtiera en su mujer para toda la vida. Arrodillado sobre el lago congelado de Huis Ten Bosch, el palacio de su madre, Willem Alexander le juró que la amaría por siempre. Ella, que reía y lloraba de felicidad, no tardó más de dos segundos en darle el sí. Entonces, él, con sus manos más torpes que nunca, le colocó en su anular un anillo de diamantes naranjas.

Sin dudas, lo vivido cobraba un nuevo sentido para Máxima. Atrás quedaban los amores fallidos, la larga espera del hombre indicado, su partida de la Argentina y la renuncia al mundo que con tanto esfuerzo había construido en Nueva York. El destino, que tan mezquino simuló ser en materia sentimental, le tenía reservado un futuro rey.

Los dos grados bajo cero que enfriaban aquel 19 de enero de 2001 en La Haya parecían no existir para la parejita que festejaba a los besos y abrazos la futura boda. La alegría continuó, pero en compañía de la reina Beatrix y el príncipe Claus, como era previsible y como sería de allí en adelante. Entre los derechos de la reina está el de participar de cada momento de felicidad o tristeza de sus hijos, por más íntimo que pudiera ser. Brindis y buenos augurios, todo muy emotivo; pero Máxima se moría por llamar a sus padres y contárselo a sus amigas Samantha y Florencia, que habían prestado generosamente sus oídos para escuchar tantas dudas y miedos durante los últimos meses. Se lo dijo a Beatrix sin medias tintas y telefoneó a Buenos Aires.

—¡Mamáaaaaaa, me caso!

Allí mismo, desde su celular, Máxima llamó a su antigua casa, bajo la mirada atenta de Willem Alexander y sus suegros, que no entendían absolutamente nada de lo que hablaba con los suyos. "¡Mamá, me caso! ¡Alex me lo acaba de pedir, la reina está chocha! ¡No lo puedo creer!", le repitió Máxima, eufórica, a su madre, que tampoco lo podía creer. En su departamento de Barrio Norte, los Zorreguieta imaginaban la felicidad de su primogénita y lloraban... Inmediatamente después de cortar con su hija, María Pame tuvo un extraño acto reflejo: quiso llamar a su madre para darle la buena nueva. Pero Carmenza había muerto de viejita, padeciendo demencia senil dos años antes, en enero del 99; la pobre —por poquito— no llegó a enterarse siquiera del noviazgo. Telefoneó en reemplazo a su hermana Marcela. Y juntas planearon cómo debían ser sus vestidos para el casamiento del siglo. Por entonces, los Zorreguieta no imaginaban lo que se avecinaba.

Ni bien la Casa Real anunció la boda, el tema se convirtió en una cuestión de Estado que trascendió a la mismísima novia, para involucrarse en los asuntos de su familia. Desde ese momento, su vida y la de todo su entorno pasaron a estar bajo la lupa del parlamento holandés, que tenía en sus manos el futuro de ese matrimonio.

Máxima cargaba con el peso de ser una plebeya extranjera, nacida en un país lejano y tercermundista. Pero la cuestión más delicada por resolver era cómo limpiar el pasado de su padre, Coqui, con el que tanto ella se identificaba y al que se le criticaba con dureza su largo paso por la última dictadura militar argentina. Los novios eran conscientes de que eso podía ser un impedimento para concretar la boda. Sin embargo, Máxima sabía que Willem Alexander lucharía contra todo y contra todos por ella. Se lo había prometido. Y es un hombre de palabra.

La angustia y las ansias por convertirse en princesa dejaron a Máxima inapetente por varios días. Durante semanas sobrevivió a café y cigarrillos. Los diarios, las revistas, los programas de chimentos y los noticieros hablaban del gran evento que se vendría, y todos habían vuelto a colocar la lupa sobre Jorge Zorreguieta. Al principio, los analistas eran pesimistas: difícilmente el Parlamento aceptaría que quien fuera un colaborador tan cercano del dictador Videla pudiera ser el suegro del futuro rey de Holanda. Willem Alexander intentaba tranquilizarla. "Dentro o fuera de la Casa Real, seremos marido y mujer." Máxima lloró. Y le agradeció. Pero también le dijo que ella no soportaría verlo perder su reinado. Por primera vez se sinceró: la hacía muy feliz la advertencia renuncista de su prometido, pero jamás, jamás, permitiría que por su culpa él no llegara al lugar para el que se había preparado toda la vida.

—No podría vivir con ese peso, Alex.

Primero se barajó organizar la boda para el otoño de 2001. Pero el príncipe, tan torpe como enamorado, salió en defensa de su suegro en Nueva York, haciendo alusión a una carta firmada por el propio Videla, diciendo que lo ocurrido durante su gobierno "no había sido tan grave". De no ser porque tenía treinta y tres años, Beatrix lo hubiera dejado castigado en su habitación. Máxima también le dio su merecido, en público y en privado. Le hizo saber a él y al mundo que sus dichos habían sido una "estupidez". Después de ese desliz, el premier holandés Wim Kok creyó prudente tomarse un poco más de tiempo y no dejar nada librado al azar; negoció entonces con la reina, convencido de que para que la historia tuviera un final feliz no se debían cometer más errores. Máxima se lo tomó al pie de la letra. Ensayó horas y horas frente al espejo de su habitación, practicó su sonrisa encantadora y ejercicios de modulación, avanzó con su holandés y se encerró a estudiar con paciencia budista la rica historia de los Países Bajos, dejando de lado incluso eventos muy glamorosos.

Y finalmente tuvo su prueba de fuego. Junto a la reina y el príncipe, anunciaron la boda real en una entrevista transmitida en cadena nacional. Máxima estuvo tremendamente nerviosa durante los dos días previos. Pero esa tarde logró tranquilizarse. Se encerró sola unos minutos en el baño y volvió a mirarse al espejo; esta vez, no practicó saludos y sonrisas. Su misión en aquella entrevista, lo tenía claro, era ganarse al pueblo para sumar puntos con el Parlamento. Tenía que mostrarse segura y efectista. Y dejar que fluyera su simpatía natural, que hasta allí había sido tan elogiada por los medios y la gente. No podía fallar. Se concentró. Acomodó el tailleur rojo que había elegido para la ocasión; pensó que era el color indicado para esquivar la posible envidia de la platea femenina. Ajustó por enésima vez el doble chignon. Semanas después, a la amiga que le contó con lujo de detalles esa escena solitaria en el baño de visitas del palacio, le confió, entre divertida y horrorizada, que con ese peinado se vio parecida a Evita.

Un país entero aguardaba el anuncio de la boda. Las calles estaban desiertas, la mayoría de los holandeses se habían quedado en sus casas, pegados a los televisores. Como no podía ser de otra forma, fue la reina Beatrix quien abrió la cadena nacional. Contó que su primogénito estaba de novio con Máxima, que tenía todo su apoyo y que creía que era la mejor noticia que podía darle al pueblo holandés. Sacó los ojos de la cámara y la miró a ella. "Tenemos que darle a Máxima la oportunidad de sentirse acá como en su casa, y convertirse en holandesa lo más rápido posible. Les quiero pedir a todos que le brindemos tiempo y paz para conocer mejor nuestro país y la posibilidad de profundizar sus conocimientos sobre nuestra sociedad".

La argentina fue presentada a la audiencia por el príncipe. Estuvo increíble. Segura, hermosa y simpática. Esa tarde, finalmente, su sonrisa y su carisma fascinaron a las cámaras y a los televidentes. Sorprendió incluso con su holandés, que usaba con una pronunciación que hacía sospechar que lo estudiaba desde hacía una década. Confesó la emoción que sentía al tener la aprobación de la reina y contó que estaba estudiando a fondo sobre la sociedad holandesa.

No fue tan fácil durante la posterior conferencia de prensa. Por momentos se sintió perdida. Los periodistas le hacían preguntas difíciles, apurando las oraciones. Máxima dudaba, no encontraba las palabras. Algunos lo notaron y se aprovecharon de la situación. Pero allí estaba Willem Alexander, para traducirle las preguntas que no entendía. Ese día, el príncipe se mostró maduro, aplomado, como si su rutina transcurriera en un set de televisión. Un periodista lo puso a prueba, preguntándole qué haría si el Parlamento no aprobaba su boda. "Como dije el día que cumplí la mayoría de edad, seguiré a mi corazón. Estoy muy seguro de la persona que elegí y creo que es digna del pueblo holandés", respondió. Explicó que había pensado muchísimo antes de proponerle matrimonio. "Sabía que Máxima debería sacrificar gran parte de su independencia. Sé que ella, con su visión amplia, su sentido del humor, su inteligencia y capacidad de ver las cosas en perspectiva, me podrá dar el apoyo que en el futuro me será imprescindible. Con su perseverancia pude sacar siempre lo mejor y lo más profundo de mí."

Hizo entonces una pausa corta. Nadie interpretó ese silencio como el final de la respuesta. Willem Alexander estaba buscando en su mente y en su corazón las palabras adecuadas. Y las dijo: "Soy el hombre más feliz de Holanda. Pero también alguien que, en su amor y suerte, se da cuenta de las preocupaciones que los holandeses tienen respecto a lo sucedido en el país de Máxima. Estas preocupaciones fueron para mí muy importantes, al punto de pensar si debía o no continuar la relación". Su novia le tomó la mano. La actitud sorprendió a los periodistas holandeses, que no están acostumbrados a las muestras públicas de cariño entre los integrantes de la realeza. Explotaron los flashes. Ella salió en esas fotos con una sonrisa un poco triste.

Cuando se despidieron y Máxima caminó hacia la puerta que la alejaría de la sesión de prensa más larga y dura que tuvo en su vida, intuyó que le había ido bien. Más que bien. A la salida del palacio lo confirmó. Una multitud de fans coreaba su nombre como si fuera una estrella de rock.

## Capítulo 8
## Mi vida por un reino

Se avecinaban tiempos de gloria, también de grandes desafíos, de pulseadas, de luchas en sordina por pequeños espacios de poder. Máxima debió pelear a brazo partido por conservar su dignidad y, al menos, una porción de su identidad. Beatrix, sin consultarla, había pactado con el premier Wim Kok la fecha de la boda: 2 de febrero de 2002. La argentina usó el sentido común para oponerse.

—¡Es pleno invierno! Vamos a tener temperatura bajo cero. En vez de seda voy a tener que usar douvet para hacerme el vestido.

Máxima tenía voz pero no voto en las decisiones importantes de la monarquía, aun cuando influyeran tan directamente sobre su propia vida. El argumento de Kok para fijar la fecha en febrero tenía razones de peso, que merecían ser escuchadas por la reina: quería dejar un espacio de tiempo prudencial entre la ceremonia y las elecciones generales de agosto de 2002, para que la polémica desatada por el pasado del padre de la novia no afectara la suerte del oficialismo. Cuando Willem Alexander le explicó el motivo de la boda invernal, Máxima dejó de patalear:

nunca se le había cruzado por la cabeza que ella podría tener un peso definitorio en una elección nacional.

Llamó a su madre a Buenos Aires:

—Mamá, hacete un vestido de mangas largas.

María Pame siempre había mostrado orgullo por sus lindos brazos, que mantenía torneados aun más allá de los cincuenta años. Finalmente, claro, no necesitó siquiera vestido de boda.

Que la fecha fuera capicúa, además, a su futura suegra le parecía un buen augurio.

Si había algo que definía a Máxima era su ambición de crecer, de superarse, de desarrollarse profesionalmente. Nunca, pero nunca, sería una más. Antes de que su vida no fuera más su vida, sino de la Casa Real de Holanda, se había propuesto una diversidad de metas. Estudiar mucho; trabajar duro, tanto como fuera necesario para convertirse en una gran economista. Soñaba con dirigir un banco o armar su propia consultora de finanzas. A veces imaginaban un proyecto conjunto con su amiga Carola Mengolini, una ex compañera de la UCA que vivía en Miami: "Hagamos algo juntas, pensemos un emprendimiento nuestro".

"No sé bien qué, pero algo importante voy a hacer", respondió en un test vocacional cuando apenas tenía doce años, y que aún figura como un curioso presagio en los archivos estudiantiles del Northlands. Finalmente, llegó a princesa. Máxima, Princesa Real de Holanda, Princesa de Orange-Nassau y Señora Van Amsberg. Sus súbditos deben dirigirse a ella llamándola Su Alteza Real. Comparte cama con el futuro rey de la monarquía más rica de Europa. Y cría a su hija mayor para que sea reina.

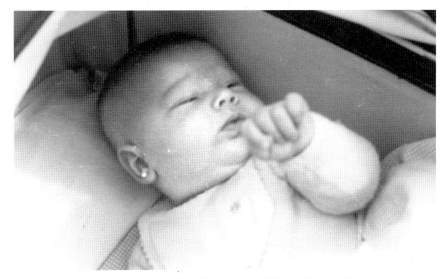

Máxima, a los cuatro meses de edad. Fue la cuarta hija mujer de Coqui Zorreguieta, que se impacientaba por un varón. Pronto se convirtió en su preferida.

Pergamino, 1974. Máxima fue una niña alegre y juguetona, malcriada por sus abuelos maternos y mimada por sus hermanas mayores.

Verano del 75. Máxima junto a su madre María Pame y su querido hermano Martín, que acababa de cumplir un año.

1976. Máxima, en el inicio de su escolaridad. Hizo el jardín de infantes en el Maryland y luego cursó todo el primario y secundario en el colegio Northlands.

Aún con el uniforme escolar, Máxima juega en su departamento de Barrio Norte. Fue una alumna aplicada. Siempre se destacó por su inglés.

Jorge Zorreguieta asume como subsecretario de Agricultura, el 9 de abril de 1976. Le toma el juramento José Alfredo Martínez de Hoz y mira atentamente el presidente de facto, Jorge Rafael Videla.

Máxima a los nueve años, junto a Coqui y María Pame. Le encantaba acompañar a su padre a actos o eventos públicos, en las épocas en que él era funcionario.

En el campo de su tía Tatila, en Pergamino, en 1984. No tuvo una adolescencia fácil, marcada por las dietas y una relación siempre complicada con su madre.

Con Tristana Macció, una compañera del Northlands, en el campo de Pergamino. Tristana sigue siendo una de sus grandes amigas.

En sulky y en familia. Máxima ama la vida rural. Disfrutaba mucho de los fines de semana junto a sus hermanos y primos.

Una tarde de domingo del año 86, con su padre y sus hermanos Martín, Juan e Inés, en el living del departamento donde creció, en la calle Uriburu.

En los jardines del colegio Northlands, junto a sus amigas Agustina Solanas, Samantha Deane y Tristana Macció en el año de su graduación, 1988.

Febrero de 1999. En su juventud empezó a disfrutar sus viajes al Norte, buscando los lazos con sus ancestros Zorreguieta, que llegaron a Salta desde el País Vasco.

Durante la boda de una amiga, antes de conocer a Willem Alexander y convertirse en princesa. Siempre le gustó bailar y fumar.
Sus amigas la describen como muy divertida.

1997. Una argentina en Nueva York. Al terminar la universidad, Máxima
trabajó en financieras y bancos de Manhattan. Recuerda esta etapa
como una de las más felices de su vida.

Uno de los primeros retratos que le tomó la Casa Real. Se hicieron cientos de tomas hasta dar con la imagen que la mostrara cien por ciento holandesa.

En calidad de novios, Máxima y Willem Alexander posan para el álbum de la
Casa Real. Durante las sesiones fotográficas, se divierten y se muestran
siempre muy simpáticos.

La risa contagiosa y las inusuales muestras de cariño en público con su marido son dos de las características que más aprecian los súbditos.

Una de sus primeras visitas a Buenos Aires en su papel de novia oficial. Exhibió un glamour que sorprendió incluso a sus mejores amigas, acostumbradas a verla de jeans.

Como una vecina más, la princesa hace las compras en un supermercado porteño junto a su madre.

En julio de 2001, Zorreguieta declara en los "Juicios por la Verdad".
"No sé nada", aseguró cuando le preguntaron por la hija desparecida
de un importante ex funcionario de Agricultura.

7 de mayo de 2004. En el
Country Club Martindale, a
45 kilómetros de Bs.As.,
durante la boda de Samantha
Deane con el barón de
Rangers, Frederik van
Welderen. La imagen,
inédita, muestra a Máxima
con un cigarrillo en la mano,
a pesar de que el protocolo le
prohibiría fumar en público.

"Cómo está usted, querida Princess Máxima", bromea su hermano Martín cada vez que la llama por teléfono.

Así es: Máxima siempre se preparó a conciencia para destacarse. Pero nunca imaginó que estaría donde está. Todo tiene su costo, lo sabe. Por más educación inglesa y por más glam neoyorquino que tuviera, no le alcanzaba para estar a la altura de las circunstancias. Ella, acostumbrada a manejarse en la Argentina como una chica de la elite, que podía mirar todo desde arriba, ahora ingresaba a una familia y a un circuito donde sería el escalón social más bajo que pudiera haber: una plebeya nacida en un país subdesarrollado. No le fue fácil acostumbrarse a eso, a aprender de cero reglas de protocolo, a aceptar sumisa las recomendaciones, que más bien parecían órdenes, de los consejeros de Palacio. Tuvo que asimilar eso de caminar como una integrante de la realeza, a cruzar las piernas con recato cada vez que se sienta, a llevar sombrero y sonrisa real a todos lados, a adecuarse a los estrictos y anticuados códigos de vestimenta, a medir cada palabra y cada gesto. Le enseñaron cómo saludar a cada eminencia que conociera de acuerdo al rango y el origen, a comprender al detalle los ritos de la iglesia protestante. Le explicaron cómo comportarse en público junto a su marido, junto a su suegra. Hasta debieron repetirle, casi como si fuera una tonta comedia hollywoodense, las maneras de tomar los cubiertos, a qué bebida pertenece cada copa y a qué comida corresponde cada plato. Ella creía saberlo de antemano, pero se sorprendió con las ridículas exageraciones monárquicas, que complicaban todo un poco más.

Para la reina y la Casa Real era imprescindible, además, darle una nueva identidad. Despojarla de sus raíces argentinas, amputarlas hasta convertirla en un ícono Orange. A Máxima este punto no le resultaba tan traumático: desde su larga estadía en Nueva York se consideraba una "ciudadana del mundo". Y, aunque tiene caracteres y genética que hacen de ella una criolla hasta la médula, últimamente estaba muy crítica con su país de origen. Le dolía cómo su querido padre había sido desplazado a las sombras. Y se desacostumbró a estar pendiente de la seguridad. "Cuando voy a Buenos Aires vivo con la paranoia de que me afanen en cualquier esquina", se quejaba. Aunque claro: en un partido entre Holanda y Argentina por las semifinales de hockey femenino en los Juegos Olímpicos de Beijing, vestida de naranja, tuvo que contenerse para no gritar el gol de descuento de Las Leonas.

Si quería ser princesa de Holanda, debía enterrar el mate que adoptó en Pergamino y el sueño americano que cultivó en Manhattan. "Tenés que parecer tan holandesa como un campo de tulipanes", era la muletilla del asesor de protocolo que la reina le había puesto para que estuviera a su lado permanentemente, como si fuera su edecán. La fisonomía la ayudaba. Rubia —aunque con la ayuda de tintura, como la mayoría de las blondas argentinas— y alta —los holandeses son los más altos de Europa—, al pueblo le resultaría más fácil sentirla como propia.

En sus pensamientos y en sus obligaciones, en definitiva, flameaba cada vez más fuerte la bandera holandesa.

Su carisma era algo irrefutable, condición que propiciaba una excelente oportunidad para mejorar la imagen de Willem

Alexander. No había encuesta que no la posicionara como una mujer capaz de ocupar el lugar que en poco tiempo abrazaría. Esa popularidad fue, también, la que decidió a Beatrix a aceptar la fecha propuesta por Kok: la reina estaba segura que el magnetismo de Máxima ayudaría a recomponer la credibilidad de la familia real, luego del desgaste provocado por la polémica sobre el pasado de Zorreguieta.

¿Podía provenir el remedio de la misma fuente que causó la enfermedad?

Máxima estaba segura de que podía lograrlo. Confiaba plenamente en sus encantos y en su capacidad para cumplir con las expectativas que la reina y los súbditos habían depositado en ella. Por eso estaba dispuesta a someterse al más riguroso entrenamiento. Estaba dispuesta a poner lo mejor de sí por su amor, por su título de princesa, por sus ambiciones personales y por un país que la haría parte de su historia.

Es cierto que, por más que se esforzó en amurallar sus sentimientos, le resultó inevitable vivir con nostalgia sus últimos días en el Deutsche Bank. Por recomendación de sus nuevos asesores, dejó de tener contacto con su entorno laboral. Esos primeros renunciamientos le anticipaban la enorme brecha que se abriría entre ella y quienes alguna vez formaron parte de su mundo. Ya no participó de los clásicos after office de los viernes ni salió más a fumar en grupo a la esquina del banco, como era su costumbre. No estaba bien visto que una futura princesa prendiera un cigarrillo en público. Ese mismo vicio, sin embargo, la ayudó a ganarse los favores de la reina: compartía con su futura suegra la debilidad por los cigarrillos —aunque Beatrix sólo fuma en la intimidad— y por los yorkshire terrier; cuando la perra real Miss Pepper murió en 1992 mientras corría una liebre por los jardines del palacio, la reina guardó luto durante dos meses.

La primera etapa del riguroso plan para hacer de ella una gran princesa comenzó en septiembre de 1999, una vez que Willem Alexander le confirmó a su madre que veía en esa muchacha argentina a su futura esposa. Máxima debió pedir un régimen horario part time en el banco, que generosamente le fue otorgado, para tomar lecciones intensivas de holandés. La Casa Real creyó elegir a la mejor profesora de Nueva York: Hanny Veenendaal. Pero fue el primer desacierto. Hanny, lectora voraz de revistas del corazón, enseguida se dio cuenta de que podría convertirse en la escritora best-seller contando la intimidad de la futura princesa que descubría cada día en ese pequeño departamento de Chelsea. Ofreció incluso la idea en un par de editoriales, pero no llegaría muy lejos. Bastó un llamado telefónico desde la Casa Real para que volviera a ocupar su puesto de secretaria en la Sociedad Holandesa de Nueva York y se internase en el silencio más absoluto. Máxima quedó muy sorprendida con el episodio. Y percibió que de allí en adelante, en su nueva vida, debería tomar muchos recaudos. El Servicio Secreto que custodiaba su privacidad aprovechó la oportunidad para pedirle que elaborara una lista con los nombres de sus posibles enemigos, para tenerlos vigilados. "¿Cómo voy a tener enemigos? Yo no tengo enemigos", respondió indignada. Pero algo ya había cambiado en la cabeza de Máxima. A partir de ese momento, comenzó a medir milimétricamente sus palabras y sus emociones en público. "Baba es una mujer divertida, buena amiga, mal hablada. Pero se puso muy paranoica con la posibilidad de que alguno de nosotros salga a hablar de ella. ¿Qué íbamos a decir? Si nosotros la queremos mucho", se queja un amigo argentino, de esos pocos amigos que la llamaban "Baba" (en referencia a como pronunciaba Bye Bye) en Nueva York.

La segunda etapa del entrenamiento se inició mientras trotaba por el Central Park. Cuando sonó el teléfono celular que le había regalado Willem Alexander para recibir sólo sus llamadas, se detuvo y se sentó en un banco de madera. No era el príncipe, era la reina, para informarle que todo estaba listo para que, a principios de mayo, se mudara a su departamento de Bruselas para continuar sus rutinas de preparación.

Ya no habría mañanas de footing en el Central Park, ni trabajo, ni departamento alquilado, ni almuerzos con sus compañeros. Por fin se terminaban las preocupaciones mundanas. Caminó eufórica hacia Chelsea, el barrio que visitaban decenas de turistas al día esperando cruzarse con ella. No la paró nadie esa vez para pedirle que posara para una foto. Pero se encontró con su novio, que había viajado de sorpresa para celebrar el traslado. Como si fueran dos adolescentes que acababan de recibir un permiso de sus padres, comenzaron a desarmar con felicidad triunfante el dos ambientes de Nueva York. "*Bye, bye. I'm moving to Belgium*", recuerda que dijo a uno de sus vecinos, cuando se despidió para subirse a un Audi con chapa diplomática que la llevó hasta el aeropuerto.

En Bélgica, alternó durante las mañanas las clases del profesor de historia holandesa con las convesaciones con una socióloga elegida por la Casa Real que le explicaba las costumbres y las tradiciones del ser holandés. Por la tarde, tomaba lecciones de ceremonial y protocolo, mientras continuaba con el aprendizaje del idioma. ¿Y su príncipe? No fue precisamente el período más romántico de la pareja… Máxima sabía que no podría convivir con Willem Alexander antes del matrimonio. Previamente, debían atravesar por "una etapa de profundo conocimiento en casas separadas", según el vocero de la Casa Real. Jamás discutió esa formalidad; obedeció y aprovechó cada noche de soledad en Bruselas para chatear con sus amigas de Buenos Aires, Nueva York y Londres. Adoraba sentarse en el sillón preferido de su suegra, con la notebook sobre las rodillas. Trataba de imaginar las cosas que habría decidido Beatrix desde ese lugar y le rogaba al cielo que aquel sillón tuviera la capacidad de transferirle algo del poder que tanto admiraba de ella.

Por entonces comenzó también la fase de ciudadanización, una instancia obligatoria para cualquier extranjero que aspira a obtener la ciudadanía o a casarse con un holandés y vivir en los Países Bajos. El trámite, que puede tardar hasta cinco años, a Máxima le llevó sólo un par de meses.

Al menos una vez por semana le mandaban un avión o un auto oficial para trasladarla a Holanda, donde se convirtió en la mascota preferida de la Corona. La exhibieron en fiestas. La probaron en actos oficiales. La reunieron con intelectuales y empresarios. Máxima, a pesar de las presiones, disfrutó mucho de esta etapa, donde aprendía cosas nuevas a diario y conocía gente más interesante de la que estaba acostumbrada a frecuentar en los Estados Unidos. Los informes que le llegaban a la reina eran sorprendentes: la argentina mostraba una enorme predisposición y un gran poder de absorción. Había mejorado notablemente su pronunciación y ya conocía, al menos en la teoría, las peculiaridades de una sociedad difícil de comprender. Beatrix supo que no se había equivocado al confiar ciegamente en esa muchacha.

Cuando volvían a depositarla en Bruselas era cuando más sufría. El departamento le parecía demasiado grande y demasiado ostentoso. Extrañaba entonces su "tupper", como ella llamaba cariñosamente, por sus medidas mínimas, a su dos ambientes de Chelsea. Sentía melancolía por sus días de ignota ejecutiva. Pero debería haber llegado muy alto en el Deutsche Bank para acercarse a la abultada mensualidad otorgada para sus gastos. Aunque al mudarse había pedido el traslado a la sede que el banco tenía en Bruselas, finalmente nunca se reincorporó. Su trabajo consistía en transformarse en princesa y su principal función era acatar sin chistar cada orden de su suegra. Hay que admitir que Beatrix se lo había advertido: "Vivirás en una jaula de oro".


La tercera etapa fue la que más le costó. Pero la sobrellevó como un soldado de la Legión Extranjera. Dicen, de hecho, que fue ella quien decidió internarse durante un mes en el Instituto Ceran, en el pintoresco pueblito belga de Spa, preocupada porque no lograba pronunciar bien los diptongos. En holandés, las combinaciones de dos vocales se articulan como un solo sonido; y encima, cada vocal tiene al menos dos formas de pronunciarse. Se despertaba en su pequeño cuarto de estudiante a las siete de la mañana para iniciar las lecciones particulares. Casi no estableció diálogo con el resto de los estudiantes y abandonó cualquier pretensión de vida nocturna. Dedicaba al idioma, en promedio, doce horas diarias. A veces el silencio de su cuarto le perforaba los oídos. A veces no se reconocía. Se moría de ganas de darles vía libre a su lengua y a sus impulsos. Entonces, tomaba su walkman y salía a caminar por los parques exteriores, mientras escuchaba la radio e incorporaba nuevo vocabulario. Los fines de semana se encontraba con Willem Alexander, pero ella siempre estaba con la cabeza en otra cosa, leyendo en voz alta los carteles de las ciudades y de las rutas, escuchando a los lugareños, intentando diferenciar los distintos acentos de provincia, modulando verbos y repitiendo tablas gramaticales.

Los siguientes meses fueron de afianzamiento y de confirmación de todo lo aprendido. Cada vez se mostraba más suelta y cómoda en los eventos de la realeza. Y una dieta a base de verduras hervidas había estilizado su figura. Ya se sabe: cuando Máxima se ve flaca y linda, se siente mucho más segura de sí misma.

Luego de la pelea con el príncipe y la consiguiente reconciliación patagónica, todo marchó sobre ruedas. Willem Alexander le pidió la mano. Se anunció públicamente el casamiento. Obtuvo su ciudadanía holandesa. Se lució con su elegancia y simpatía en la boda de su cuñado, el príncipe Constantijn. Beatrix decidió entonces que su etapa de alumna había terminado. La quería a su lado, porque con ella se divertía. Máxima marchó orgullosa a su nueva vivienda: Huis Ten Bosch, el fabuloso palacio de 110 metros de longitud ubicado en La Haya. Construido en 1645, es una de las

tres residencias oficiales de la familia real holandesa, y el lugar que
Beatrix eligió para vivir desde 1981. La argentina se instaló en el
ala derecha, bien lejos del sector de la reina. Cuando su hermana
Inés la visitó, le tocó la habitación más grande que había visto en
su vida. Pero después les contó a sus padres que Maxi se movía por
esos interminables pasillos con una naturalidad que a ella le sorprendió, como si hubiese vivido en palacios toda su vida.

El 4 de septiembre se inició la cuarta etapa del entrenamiento:
un tour de mes y medio recorriendo junto al príncipe cada rincón de Holanda. Los novios visitaron doce provincias y recorrieron palmo a palmo las cuatro ciudades más importantes de
Holanda. Comenzaron por Noord-Brabant, siguieron por los
suburbios de Ámsterdam hasta terminar en Drenthe. Luego de
cada jornada, Máxima se reunía con los consejeros y los asesores
de imagen para analizar juntos los pormenores de la gira; Willem
Alexander siempre estaba junto a ella, pero mantenía un respe-
tuoso silencio y prefería reservarse las opiniones. Le elegían el
vestuario de acuerdo a lo fuerte que resplandeciera el sol o para
que combinara con el paisaje. La peinaban con el pelo suelto o
con rodete de acuerdo a los gustos de cada pueblo. Siempre debía
llevar una prenda o un accesorio naranja. Máxima no parecía
molestarse por ningún detalle. Palpitaba lo que en pocos meses
sería cosa de todos los días: visitar instituciones de caridad, escuelas y hospitales. En cada pueblito se sorprendía, una y otra vez,
con el cariño de la gente. "Boluda, esto es demasiado. Me tratan
como si fuera Madonna", le contó emocionada a su hermanita.

En sus desayunos, estuviera donde estuviese, mantenía el último ritual criollo que le quedaba y que todavía repite en su mansión de Wassenaar: tostadas de pan integral con dulce de leche diet y café con leche. Ese momento de la mañana era su momento. Desparramaba los diarios sobre la mesa. Empezaba con el *De Telegraaf*, seguía con el *Algemeen Dagblad* y terminaba con el opositor *Trouw*. Resaltaba con marcadores los artículos relevantes del día, para estar bien informada en las entrevistas posteriores con dirigentes y empresarios. Beatrix, que le había aflojado un poco las riendas, se enorgullecía del fenómeno que estaba creando. Su nuera era mucho más que una joven amable y carismática. Tenía empuje, inquietudes, carácter; cualidades indispensables para acompañar a un príncipe por momentos demasiado apático. Máxima venía a continuar una tradición que se extiende desde finales del siglo XIX en la realeza holandesa: la de las mujeres fuertes.

Una tarde, a bordo del *Dragón Verde*, sintió que el hechizo se rompía. Willem Alexander le avisó, como si nada, que Boudewijn Dyserinck, el escribano de la reina, se contactaría con ella para hablar sobre el acuerdo prematrimonial. El sol la había dejado tan colorada que el príncipe no advirtió cómo su cara se deformaba a medida que le explicaba lo que debería firmar. Apoyó el Martini que le había servido su novio sobre una mesa alta. Se colocó los anteojos de sol. Si lagrimeaba, no quería que lo notara. Tampoco tenía intenciones de hacerlo sentir culpable. Entendía que la cuestión lo superaba.

—¿Es necesario que hablemos de esto ahora? —le preguntó molesta.

—Max, en algún momento tenemos que hablarlo. Hay que hacerlo si nos queremos casar.

El contrato estipulaba que la boda se haría bajo el rito de la Iglesia Reformista Holandesa, en el que también debería bautizar a sus hijos. Los niños llevarían los nombres que la reina aprobara. En cuanto a los bienes, nada de sociedad conyugal. Cada quien con lo suyo. Máxima no podrá quedarse con ninguna pertenencia de su marido, ni nada que haya adquirido durante el matrimonio. Poco importa si él comete adulterio, la maltrata física o psicológicamente, o intenta asesinarla. Máxima no podrá reclamarle nada.

El tema, no podía evitarlo, la ponía de pésimo humor. Ya lo habían discutido varias veces. No era la fortuna ni las propiedades del príncipe lo que le importaba, si se llegaban a divorciar. Sino su descendencia. No entendía por qué tanta crueldad. Una cláusula la obligaba a engendrar un hijo para la Corona. No se admitían crisis de identidad, ni dudas con respecto a ser o no ser madre. Otra cláusula advertía que sus hijos serían sus hijos, pero más lo serían de la familia real. Willem Alexander enfrentó la situación con hidalguía. No se escondió nunca detrás de los consejeros o del escribano: él mismo explicó a su amada cada punto del contrato. Por el príncipe supo también que, si por esas cosas del destino, ella dejaba de ser su esposa, él tendría la potestad sobre los niños: elegiría su colegio, su vivienda, sus vacaciones; impondría el régimen de visitas de su madre.

El acuerdo también dejaba bien claro que Holanda será el lugar de residencia de los principitos. Recién casados vivirán en el palacio del príncipe, el Noordeinde, que ella podría decorar a su gusto y donde también tendría su oficina. De allí se mudarían, una vez que terminaran las reformas, a la mansión de Villa Eikenhorst, ubicada en Wassenaar, región que pertenecía a la casa de los Orange desde 1845. La residencia de seiscientos metros cuadrados y enormes parques boscosos que había sido construida en 1985 para la princesa Christina, hermana menor de Beatrix, será su morada hasta que Willem Alexander sea coronado. A partir de entonces, se instalará nuevamente en el Huis Ten Bosch, el actual palacio de la reina. En caso de divorcio, Máxima deberá mudarse: todo lo que la rodea es y será patrimonio del príncipe.

En calidad de princesa, Máxima comenzó cobrando 825.000 euros por año, libres de impuestos. Es la única de las mujeres de la familia real que percibe una remuneración, además de la Reina, por supuesto. Cada vez que dé un paso, el Departamento de Protección Real y Diplomática la protegerá para que nadie le haga daño. No podrá dar reportajes sin previa autorización de la oficina del Primer Ministro. Esto puede ocurrir excepcionalmente. Su suegra, en treinta años de reinado, puede contar con los dedos de las manos las entrevistas que concedió. Fumar, vestir jeans, usar anteojos, besar en la boca a su marido, caminar delante de él, saludar con un beso a su interlocutor, son acciones que debe reservar al ámbito estrictamente privado.

La Constitución holandesa establece que, en el caso de defunción o renuncia a la Corona por parte del soberano gobernante, la reina Beatrix, el trono pasa al heredero principal. Y éste sería su marido, seguido por sus hijas, las princesas Catharina-Amalia, Alexia y Ariane. Si por alguna razón, ellas estuvieran imposibilitadas de asumir, le correspondería al príncipe Constantijn —hermano de Willem Alexander— y luego a sus hijos: la condesa Eloísa, el conde Claus-Casimir y la condesa Leonor. Los últimos en la línea de sucesión son la princesa Magriet (hermana de la reina) y sus dos hijos, el príncipe Maurits y el príncipe Bernhard. El punto 2 del artículo 30 de la Constitución también establece que "si al morir o abdicar el Rey no hubiese sucesor, se disolverán las Cámaras. Las nuevas Cámaras se reunirán en sesión conjunta dentro de los cuatro meses siguientes a la muerte o abdicación para acordar el nombramiento de un Rey".

Máxima podría ejercer la autoridad real, siempre que lo aprueben los Estados Generales (la Cámara Baja y la Cámara Alta) y que suceda alguno de los siguientes hechos: muerte o abdicación de Willem Alexander siendo su hija mayor menor de edad; si el rey fuera declarado inhabilitado para ejercer; si el rey abandonara temporalmente sus funciones; mientras no haya sucesor, después de la muerte o abdicación del rey. El artículo 29 de la Constitución dice que el Parlamento puede retirar de la sucesión al trono a todo aquel que considere que no está en condiciones de ocuparlo. Lo mismo ocurriría si se descubre que el heredero está siendo educado bajo principios no democráticos.

Para la ley holandesa, el cónyuge del rey no tiene una posición preestablecida en la Constitución. Si bien su suegro debió conformarse con su título de príncipe, Máxima —gracias a su condición de mujer— recibirá el título de reina.

Cuando asuma, Willem Alexander jurará sobre la Constitución holandesa y será proclamado rey de Holanda, durante una sesión pública y conjunta de los Estados Generales en Ámsterdam. Llegado el momento, como marca la tradición desde la asunción de Guillermo III en 1849, no habrá coronas. La ceremonia se llevará a cabo en la Nieuwe Kerk, la iglesia donde Alex y Maxi contrajeron matrimonio y donde algún día también serán sepultados.

## Capítulo 9
## Maximanía

Jolanda Gruÿters, como la princesa original, practica su saludo frente al espejo. "Tuve que estudiar sus movimientos. Ella no saluda como una reina de belleza, sino como una actriz", dice esta holandesa que se parece, y mucho, a Máxima Zorreguieta. Jolanda trabajaba de secretaria administrativa en un ministerio. Ahora trabaja de Máxima. Cuando empezaron a aparecer, allá por el 99, las primeras fotos de la ignota novia de Willem Alexander, todos sus compañeros le decían que era igualita a ella. Empezó entonces a estudiarla, a imitarla. Primero hacía su gracia para amigos. Pero un día, justo en el esplendor de fama de Máxima en Holanda, decidió renunciar al ministerio y dedicarse a explotar comercialmente su parecido físico con la argentina. El cachet no baja de los ochocientos euros cuando se trata de un evento o una fiesta. Si la llaman de la tele, cobra entre dos mil y cuatro mil euros. ¿Practica también su famosa sonrisa? "Al principio lo intentaba —cuenta— pero es muy difícil".

"La gente en Holanda ama a Máxima. Las razones están a la vista. Su personalidad cálida, su humor. Y su sonrisa, por supuesto. Su sonrisa es inigualable", explica Leo van der Velde, periodista del diario *AD Haagsche Courant*.

Ese amor y esa fascinación hicieron y hacen que se muevan importantes negocios y cifras millonarias de dinero alrededor de la figura de la princesa. Como Jolanda Gruÿters, hoy muchos otros holandeses viven de la maximanía, como bautizaron los medios al fenómeno. De hecho, se produjeron encarnizadas batallas legales entre varias compañías que se disputaron la propiedad intelectual de la marca "Máxima". Hasta que finalmente la Justicia falló a favor de Rob Muller, un astuto empresario de artículos suntuosos que el 27 de agosto de 1999 anotó el nombre en el codiciado registro Benelux, apenas el noviazgo real fuera anunciado por la prensa.

La maximanía se manifiesta en múltiples e insólitos formatos: vajilla, postales, cuadernos, agendas, posters, muñecas, revistas especiales, libros, tortas, lapiceras, cartucheras para niños, mosaicos pintados, estampitas, remeras, bombachas, chocolates, pastillas de menta, figuritas, jabones, frascos de mermelada, cucharas de plata, perfumes, flores y hasta píldoras para adelgazar… Johan Vlemmix, el excéntrico millonario que preside el nutrido Club de Admiradores de Máxima, decoró su mansión de Eindhoven con todo este merchandising. Desayuna sirviéndose el té en las tacitas Máxima y prepara sus tostadas en los platitos Máxima. En vez de cuadros, tiene banderas y banderines con la cara de la princesa. A las niñas que lo visitan, las obsequia con muñecas Máxima. Para la boda, les mandó a los príncipes un espectacular Porsche rojo de regalo y les escribió una canción con ritmo de polka. Es generoso, pero no un gran poeta:

*Es más linda que un diamante*
*Un diamante para el país*
*Máxima dancing queen*
*Mamá Máxima*
*Te queremos mucho.*

La popularidad de la joven argentina también se palpa en más de un centenar de blogs que la tienen de protagonista; en sitios web y grupos de admiradores en redes sociales como Facebook; en foros de discusión, encuestas virtuales y hasta en el redituable comercio online; en la legión de paparazzis y periodistas que siguen sus pasos (y sus vestidos, sus sombreros, sus gestos, sus embarazos, sus partos, sus viajes, sus declaraciones), y en un creciente interés por todo lo relacionado con la Argentina: desde la gastronomía hasta el tango, pasando por el incremento del turismo y el interés por aprender el idioma. Las estadísticas señalan que en las academias de español para turistas de Buenos Aires, el mayor número de inscriptos son norteamericanos, seguidos de cerca por los holandeses. Las agencias de viajes afirman que la demanda de paquetes a la Argentina se duplicó entre 2002 y 2004; y desde entonces sigue aumentando a un promedio del quince por ciento anual. Las universidades recibieron también un aluvión de pedidos de estudiantes holandeses interesados en completar sus carreras o desarrollar sus tesis con la Argentina como tópico de análisis.

Varios argentinos —y uruguayos— supieron aprovechar las oportunidades. En la céntrica calle Dam proliferaron las parrillas con nombres elocuentes: Los Gauchos, La Boca, Las Marías, Pampa. Una hamburguesería de Ámsterdam ofrece la Maxi

Burger de carne auténticamente pampeana y un bar local incluye en su carta el plato "Máxima a la salsa Willem Alexander", una tajada de panceta con especias de Sudamérica que se completa con un aderezo anaranjado.

Laura Viña, vedette, striper y prima segunda de Máxima, supo también usufructuar el momento. Entre 2001 y 2006 realizó algunos viajes a Holanda, donde presentó sus shows eróticos en el selecto club nocturno Amsterdam Kingdom Venue. Mil personas pagaron cuarenta euros para ver su espectáculo, sobre un caño vertical, titulado "Máximamente al palo" (en el eslogan aparece una corona sobre la i, para que no queden dudas).

En un país al que no había llegado la fiebre del 2 x 4, las academias de tango se multiplicaron como hongos: ya hay más de ochenta en todo el reino. Las pistas se llenaron. Las orquestas invadieron los salones de fiestas. Los CDs de Gardel y Piazzolla aparecieron al frente de las bateas de las casas de música. Después de aquel golpe de suerte que le significó ser convocado para tocar en la boda real, Carel Kraayenhof tuvo una repentina e inusitada proyección nacional; lleva vendidos miles y miles de copias de sus discos *Tango Royal* y *Tango Máxima*. "Aquí nadie sabía lo que era un bandoneón. Pero después de escucharme en el casamiento de los príncipes, la gente me paraba en la calle, en el tranvía, en el tren, por todos lados, me reconocían y me abrazaban. Me decían: yo también lloré", recuerda el músico.

Máxima supo ganarse, es evidente, el corazón de los súbditos. La reina Beatrix siempre le tuvo fe, desde el primer día que la vio en Tavernelle. Pero varios de sus principales asesores de la Casa Real se sorprendieron con el cariño que le prodigó la gente durante la gira por las doce provincias de Holanda que sirvió de presentación oficial. Notaron allí que había algo mágico, ese tipo de conexión que el marketing no puede crear. "Ella se desenvuelve con una frescura y una elegancia que la hacen aparecer como una más, pero, a la vez, como la mejor", fue la conclusión que aparecía en un informe remitido a Wim Kok, cuando pidió analizar el desenvolvimiento público de Máxima. El premier entendió que la joven gozaba de una enorme popularidad. En una encuesta realizada a finales de 2001, 8 de cada 10 holandeses afirmaban que, si tuvieran la posibilidad de conocer a un miembro de la Casa Real, la elegirían a ella. ¡Más le valía a Kok estar de su lado! Por eso se puso decididamente al frente de la campaña para que el Parlamento aprobara el noviazgo real.

Desde aquella gira por todo el país, los diarios, radios y canales de TV comenzaron a dedicarle ríos de tinta y horas de transmisión. Los medios hacían su agosto subidos a la maximanía. Los editores reconocen que nunca habían vendido tanto como desde la aparición de Máxima en escena. La revista *Privé* duplicó su tirada la primera vez que puso en la tapa el rostro de la novia de Willem Alexander. Y, dos años después, vendió más de un millón de ejemplares al regalar, junto con su edición semanal, una pashmina parecida a las que solía lucir Máxima. Las pashminas estilo Maxi, de hecho, se pusieron de moda en Holanda y en toda Europa durante el invierno de 2001; las grandes cadenas vendieron esos enormes chales a un ritmo que los obligó a buscar productores en serie en China e India.

Máxima marcaba tendencia. Como si se tratase de una estrella pop o una actriz de cine, las jóvenes (y las no tan jóvenes) corrían a las peluquerías para teñirse el pelo de su rubio country e imitar su peinado. De pronto, proliferaron los cortes largos, con mechas rubias, planchadas y desmelenadas. El afán por emular su estilo estaba provocando un boom inédito allí donde la moda, justamente, nunca ha sido una obsesión.

Durante los días previos a la boda, en las casas, oficinas y pubs de todas las ciudades, la historia de la plebeya argentina que había conquistado al heredero de la Corona era un tópico obligado de conversación cotidiana. Cientos de personas formaron largas colas frente a la iglesia donde se consagraría el matrimonio, para estampar sus buenos augurios en grandes cuadernos instalados para la ocasión. Un dato revelador: la mayoría de los mensajes se dirigían directamente a ella, no al príncipe.

Fue también a mediados de enero de 2002 cuando los novios se sentaron para chatear con los internautas. La idea era que respondieran preguntas sobre temas referidos a los preparativos de la boda, como el menú de la fiesta, el vestido o los nombres de las damas de honor. Sin embargo, al comenzar el diálogo y ante la avalancha de usuarios, el sistema informático colapsó y fue imposible restablecer la comunicación. Más allá de lo fallido de la experiencia, se trató de una iniciativa inédita para los cánones de la siempre distante realeza del Viejo Continente.

Los expertos en temas monárquicos no dudaban en atribuirle a su figura el mérito de haber despertado a la monarquía de un prolongado letargo. "El de Máxima fue un amor a primera vista con el pueblo holandés. Se sabe reír, se comporta como una mujer de mundo y es inteligente. Se le presume fortaleza para dirigir y encarar grandes tareas", resume José Zepeda, periodista de Radio Nederlands. Aunque algunos agoreros pronosticaban que, a medida que todos se fueran acostumbrando a ella, su estrella iba a ir extinguiéndose. Sin embargo, si bien el auge tuvo su pico de intensidad en los días previos y posteriores al casamiento, lejos está de desaparecer: la futura reina de los Países Bajos continúa gozando de niveles de popularidad que cualquier político o celebridad envidiaría, superando incluso a los de la reina.

En el mismo sentido, la avidez por lo argentino se mantiene. La embajada en La Haya responde cada día decenas de correos electrónicos de holandeses que indagan en algún aspecto de la tierra natal de la princesa. "El interés que ha despertado Máxima por la Argentina es enorme y crece cada día. Es una curiosidad que no debe ignorarse porque se canaliza en cosas muy concretas, como el turismo y la música de tango, que establecen lazos culturales y al mismo tiempo pueden llevar divisas al país", sostiene José Berro Madero, ex embajador en Holanda.

El efecto de la maximanía lo comprueban a diario quienes, desde 2002 en adelante, visitan los Países Bajos. En cualquier otro lugar del mundo, cuando se dice que se es argentino, enseguida relacionan: "¡Maradona!". En Holanda exclaman, en cambio: "¡Máxima!".

## Capítulo 10
# La boda triste

e adolescente, cada vez que iba a misa en la iglesia Nuestra Señora del Pilar, le comentaba a su madre: "Yo me quiero casar acá". Se imaginaba con un vestido romántico, color manteca, mucho encaje y hombros al descubierto. Su padre la llevaría del brazo. Su novio sería un morocho atlético, al estilo de John John Kennedy. Pero nada fue como lo soñó… Se casó finalmente con el futuro rey de Holanda, en una iglesia protestante, y no pudo elegir el vestido de novia. Fue la reina quien le comunicó que Valentino sería su modisto. Máxima no tuvo que preocuparse por nada: ni por el color, ni por la tela, ni por los accesorios. El diseño acató las estrictas reglas de protocolo.

Máxima se convirtió en la novia perfecta. Al principio, cada vez que se probaba el vestido en producción, se veía como "una inmensa torre de yeso". Pero nunca protestaba. Sabía que Beatrix quería que se pareciera al que ella había usado cuando se casó con Claus: cuello chimenea, corte imperio y cola de cinco metros. Ciento setenta mil dólares de extrema sobriedad, destinados a un modelo que Máxima jamás hubiera elegido. Sin embargo, el día

183

que se lo puso por última vez, para el gran evento, reconoció que aquel era un vestido maravilloso.

Tampoco podría usar las joyas de su madre, las que María Pame guardó durante años con la ilusión de las llevara en su casamiento. Máxima luciría todo lo que le fueron probando: la diadema de la Casa de los Orange, la pulsera de brillantes y los aros de diamantes en forma de lágrima, los mismos que Beatrix había usado en su boda.

Sabía que el 2 de febrero de 2002, cuando le diera el "Ja" a Willem Alexander, también se lo daría a Holanda, pero sobre todo a Beatrix, su suegra. Máxima la estimaba; se había mostrado siempre cómplice con ella y, a su modo, le demostraba cariño y agradecimiento. Pero, como buena reina, era autoritaria y consciente al extremo de que su función era estar al tanto de todo. "Cuando te reunís con la reina es como estar rindiendo un examen", asegura una de los colaboradores de la princesa. A los sesenta y tres años, Beatrix tenía la energía suficiente como para controlar cada movimiento de sus hijos, de sus empleados y, por supuesto, de sus nueras.

Habrá sido por eso que Máxima se dejó arrastrar por los mandatos reales y aceptó sin chistar sus sugerencias para el gran día: el vestido, la fiesta, los invitados, los testigos, las damas de honor, el catering... todo debía ser aprobado por la reina. Ante sus amigas se quejaba de que la Casa Real la trataba como si fuera una actriz de reparto. De los 1.700 invitados a la boda, sólo 54 provenían de su círculo social: sus hermanos; sus íntimas del Northlands o de la Universidad Católica, como Samantha Dean, Valeria Delger, Florencia Di Cocco, Carola

Mengolini, Valeria Uranga, Lucrecia y David Lacroze; los tíos y primos más cercanos; algunos parientes de Pergamino y de Lincoln, y unos pocos amigos de sus padres, como los Blaquier. A pesar de que la familia de Willem Alexander tiene acciones de la compañía área KLM, quien quisiera llegar a la boda del año tenía que abonar el pasaje correspondiente. Esta situación provocó malestar y reproches entre sus afectos, una buena parte de los cuales no tuvo más remedio que seguir el evento por televisión desde Buenos Aires, en la emisión especial del programa de Chiche Gelblung.

A modo de protesta, algunos de ellos decidieron ignorar las listas de regalos que los novios hicieron en Buenos Aires. Unas semanas antes de la boda, la pareja había viajado para recorrer casas de decoración. Una de ellas fue la tradicional, L'Interdit, ubicada en pleno Barrio Norte. Eligieron vajilla, platería, un juego de cubiertos de plata Christofle, adornos y porcelana francesa Villeroy & Boch. También pasaron por el taller del orfebre Juan Carlos Pallarols, en San Telmo. Allí, en lugar de confeccionar una lista, prefirieron transmitirle directamente al artesano sus gustos en materia de diseño y platería: objetos de trazos netos y líneas simples. Máxima soñaba con que, al menos, un rincón de su mansión tuviera aires camperos.

La Argentina atravesaba una de las peores crisis económicas de su historia. La devaluación y el corralito financiero eran la pesadilla de quienes habían depositado sus ahorros en los bancos. Ese futuro que se vislumbraba más bien negro atentó de alguna manera con la calidad de los regalos. Al propio Zorreguieta, con amplia experiencia en cuestiones bancarias luego de su paso por el directorio de la Financiera República, el corralito lo había sorprendido con una cuenta corriente en dólares en el Banco Ciudad; de hecho, casi al mismo tiempo que se realizaba la boda, al pobre Coqui le llegó una notificación por haber puesto en circulación tres cheques sin fondo, por un total de 6.975 dólares. Sin embargo, esta precaria situación financiera no impidió que Coqui buscara un departamento para comprar en Ámsterdam; aunque, finalmente, cuando el dato salió publicado en un diario holandés, desistió de la compra para no avivar otra vez el debate. Por esos días, cuatro semanas antes de la boda, también invirtió en pasajes para toda la familia a Bélgica. Otto Ruding, ex banquero y ex ministro de Economía de Holanda, organizó una fiesta en el castillo La Hulpe, en las afueras de Bruselas, para que toda la familia real holandesa conociera a Coqui y a María Pame, famosos a esta altura, aunque nada célebres. La simpatía y el espíritu seductor de Zorreguieta fueron aflojando las tensiones del evento; Máxima sintió que su padre había logrado ganarse los favores de los Orange cuando vio cómo hacía reír a Claus, habitualmente parco. En cambio, María Pame no se movía con la misma naturalidad que su marido. Tal vez estaba demasiado pendiente de no hacer papelones. Máxima le había rogado: "Mamá, pensá antes de hablar, no te mandes una de las tuyas. No estamos en Buenos Aires".

La cuestión presupuestaria no era menor. Muchos de los familiares de la novia esperaban que Holanda se hiciera cargo de los gastos del viaje de todos ellos para la boda. Máxima intentaba mantenerse al margen de los reclamos, pero no pudo evitar algunos acalorados debates entre la comisión organizadora y los asesores de Willem Alexander, que pujaban para que la Casa Real asumiera como propio el costo de los invitados criollos. Después de varias idas y vueltas, la Corona destinó 1.6 millones de euros en hotelería, traslados internos, comidas y servicios de peluquería e indumentaria.

Inés, Juan y Martín Zorreguieta —acompañado de su esposa, de quien luego se divorció—, su tía y madrina Marcela Cerruti y las íntimas amigas de la novia viajaron a Holanda un mes antes de la boda para acompañar a Máxima en la etapa final de preparación de la gran celebración. La reina invitó a todos ellos alojarse junto a su querida nuera en el palacio. Entre clases de protocolo y pruebas de vestuario, la novia revivió las viejas épocas con algunas de sus ex compañeras de colegio: el viaje de egresados, las vacaciones adolescentes y las historias de amor. "Pensar que si te hubieses quedado en la Argentina ahora podrías ser la ayudante de cocina de Max Casá", se rió una de sus amigas. Samantha, Valeria y Florencia compartieron los últimos días de su amiga en calidad de plebeya, entre carcajadas, vinos, fotos, tragos y atados de cigarrillos.

Tres semanas más tarde, llegó el contingente con el resto de los invitados argentinos, que fueron alojados en dos hoteles: el NH Golden Tulip Hotel Krasnapolsky y el Hotel Amstel, ambos de cinco estrellas. En cada habitación había una guía que brindaba la información sobre el programa y los lugares históricos que visitarían durante los próximos diez días. La misma comenzaba con una cálida bienvenida de los novios, que incluía algunas oportunas sugerencias:

Queridos amigos:

¡Bienvenidos a los Países Bajos! ¡Bienvenidos a Ámsterdam! Nos sentimos muy felices de que nos acompañen en estos días próximos al de nuestra boda. Esperamos que se sientan como en casa y que disfruten de cada minuto de su estancia en Holanda.

Para que todo sea más fácil hemos elaborado un programa con todo incluido. El programa lo encontrarán dentro de su habitación en una carpeta. Por favor, tómense unos minutos para leer cuidadosamente toda la información. Si tienen alguna pregunta, no duden en ponerse en contacto con el ayudante de campo o la dama de compañía en el hotel (en la carpeta encontrarán sus nombres, fotografías y números de teléfono). Ellos responderán a todas sus preguntas y les ayudarán con cualquier cosa que necesiten. Una advertencia muy especial para los invitados latinos, ¡sean puntuales! Los holandeses se toman muy en serio eso de la puntualidad y si no llegamos a tiempo a cada evento, se marchan solos. Máxima ya ha tenido varias experiencias nefastas con este tema.

Por lo demás, sigan el programa relajados, diviértanse, bailen (obligatorio) y disfruten con nosotros de este momento tan especial en nuestras vidas.

Con cariño.

MÁXIMA Y WILLEM ALEXANDER

Claro que los invitados —al igual que la novia— no podían hacer usufructo de su libertad. Pertenecer al mundo royal, aunque sea por unos pocos días, tiene su precio. En la guía figuraba un extenso cronograma con todo lo que debían hacer, hora por hora, hasta el momento cúlmine de la boda; desde los turnos para la peluquería hasta los horarios de partida para las diferentes excursiones. Antes de que pisaran algún palacio real, Máxima les advirtió que recibirían una clase express de protocolo y les dio algunas recomendaciones para manejarse. "Gente, no me hagan pasar papelones. Sean buenos… ni se les ocurra mandarme un '¡Che, Maxi!'. Los ojos de la prensa holandesa estarán sobre ustedes. Se fijarán en cada detalle. En lo que digan, en cómo se visten, cómo se comportan, cómo saludan. Serán los embajadores de la Argentina. No me defrauden", les dijo, especialmente a los parientes del campo. "Cada vez que nos dirigíamos a Máxima había que llamarla Your Royal Majesty. Suena surrealista, sí. Pensar que venía a mi casa y lavaba los platos después del almuerzo. Al principio me cayó mal, pero después entendí que ese era otro mundo, que teníamos que adaptarnos. Tampoco nos dejaban sacar fotos en el palacio, aunque, obvio, sacamos igual", narra un pariente de Pergamino.

Reglas y más reglas. Y un reloj que nunca se adelantaba ni atrasaba un segundo. La puntualidad fue un rasgo distintivo del comité organizador. A las ocho de la mañana comenzaban las actividades. Los hombres debían vestir traje y corbata, y las mujeres tacos y sombrero. Las dos vans, que entre otros llevaban a Ángeles, María y Dolores Zorreguieta y a su tía Alina, se movían por un circuito perfectamente delimitado con una cinta naranja que se extendía por toda la ciudad mientras los fans de Máxima esperaban en cada esquina. "¡Queremos tocar a un argentino!", gritaba la más histérica, que aparecía mágicamente chusmeando en cada evento o lugar donde estacionaban las vans.

El tiempo de Máxima ya pertenecía a la Corona y sólo podía compartir con los suyos un rato por las noches, en el bar de algún hotel. Allí disfrutaba de charlas nocturnas con sus hermanas mayores y con su prima Luciana (a la que el abuelo Jorge había apodado Mínima, en alusión a la diferencia de estatura entre sus nietas). También aprovechaba para conversar con sus tías María Cecilia, María Rita y, en particular, con su tía preferida Marcela y la íntima amiga de ésta, Claudia Méndez Casariego, ex nuera de Luciano Benjamín Menéndez, quien fuera Jefe del Tercer Cuerpo del Ejército durante la última dictadura militar argentina y que fue condenado a reclusión perpetua. Dos años antes de esa boda, el pequeño círculo social de Recoleta se había visto conmovido: Marcela convocó a una reunión familiar para anunciar que se iría a vivir con Claudia. Máxima, desde entonces, se convirtió en una temperamental defensora de esa amistad.

Justo a la cena donde más compañía necesitaba, no fueron invitados los argentinos. Sólo sus hermanos Inés, Juan y Martín —mencionados incluso por el premier Win Kok en su discurso— pudieron concurrir a esa gala en homenaje a los novios que organizó el Gobierno holandés en el edificio Ridderzaal, en La Haya. Máxima llegó con muy mala cara. No podía evitarlo. Para ella, todos aquellos funcionarios y políticos eran sus enemigos, los que habían impedido que su padre estuviera en la boda. A medida que se acercaba el 2 de febrero, mayores eran la angustia y la bronca. Máxima ama a su padre. Lo necesitaba al lado. Pero sobre todo le parecía un despropósito que tuviera que estar sola en la boda, televisada a todo el mundo, como si fuera una pobre niña huérfana. Willem Alexander salió en su rescate otra vez. La tranquilizó. Le susurró que estaba hermosa y que guardara los rencores para otra ocasión. A esos mismos políticos que la destrataron, según su punto de vista, debía sonreírles y agradecerles por haberla aceptado.

Allí estuvieron todos los miembros del Gobierno, los presidentes de las Antillas y la familia real a pleno. A fuerza de carisma, Máxima se había ganado el cariño de la gente. Pero su origen plebeyo, extranjero, y el pasado de su padre la dejaban afuera de algunos de los derechos de los que podría haber gozado como futura esposa. El Primer Ministro puso énfasis en su indudable calidad de ser humano, en la historia de amor entre ella y el príncipe, y en todos los esfuerzos que había hecho para adaptarse a los Países Bajos. "Nos robó el corazón a los holandeses", dijo en su discurso, bajando el tono, casi como una confidencia. Máxima le devolvió el gesto con su mejor sonrisa. Luego le contó a una amiga que en ese momento sintió un deseo irrefrenable de explotar. De rogar que dejaran asistir a sus padres. De gritar que su padre era un hombre bueno, que nunca había matado a nadie. Quedaba claro: para ella, el tema no estaba superado. La ausencia se volvía más fuerte con cada felicitación, con cada festejo. Pero mientras ella disimulaba el enojo, su novio tomó la palabra, hizo lo que ella no podía y le agradeció al Gobierno por todo lo que habían hecho para allanarles el camino hacia el gran día.

Willem Alexander no ocultaba su felicidad, y Beatrix mucho menos. Máxima era una nuera adorable, obediente y compañera. Mientras madre e hijo rebozaban de alegría, la novia, después de la conversación de rigor que mantenía cada noche con sus padres, se acostaba lagrimeando y se levantaba angustiada. El momento más esperado de su vida estaba cerca, y sus padres cada vez más lejos. Pero debía enfrentar cada nueva jornada con ímpetu y una alegría confeccionada a medida. Una agenda especial para novias —obsequio de la reina— le recordaba que tenía cada segundo contabilizado: prueba de maquillaje, clase de protocolo, sesión de masajes, saludos a las delegaciones invitadas, sesiones fotográficas, refuerzo del idioma, prácticas en la iglesia, respuestas de salutaciones… Incluso, en su agenda, figuraba una hora de descanso a media tarde. Un día, agotada, intentó suspender la clase de protocolo, pero una de sus asesoras le sugirió que no sería la señal más adecuada para una plebeya que se estaba por convertir en princesa. Un mal sueño la había levantado de la cama a las seis de la mañana y sus ojos se veían hinchados de tanto llorar. Willem Alexander no llegaba a comprender la razón de tanta angustia. El peso era cada vez peor: sentía que sólo su padre era capaz de entenderla y consolarla en un momento como ese.

Coqui, que conocía tan bien a su hija, y que sabía que era una mujer fuerte pero también extremadamente sensible, le había encargado a Martín que contuviera a su hermana. Siempre fueron buenos compañeros y, aunque Martín era dos años más joven, bien podía actuar en esta ocasión como el hermano mayor. Sin embargo, Martín no sabía qué hacer para ayudar a

Máxima, que se retraía en sus pensamientos. Recurría a bromas y a su característico humor negro, pero apenas ofrecían a la futura princesa una alegría momentánea.

Sus otros hermanos menores apenas podían consigo mismos, así que no intentaron siquiera un consuelo. Al contrario: Máxima debió ocuparse también de ellos. Juan, de dieciocho años, e Inés, de dieciséis, deambulaban descolocados por el palacio, absorbidos por la vorágine. Entre tantas expectativas, presiones y visitas, la futura princesa le dedicó mucha atención a Inesita, su protegida, que en plena crisis de identidad lidiaba con unos kilos de más, una profunda timidez y una muy reciente pelea con su madre. Llegó a Holanda con un estudiado look dark, que horrorizaba a María Pame y preocupó a algunos consejeros de la Corona. Máxima, amable y tajante, advirtió que no se metieran con ella.

El 31 de enero comenzaron las celebraciones oficiales con un almuerzo en el palacio Huis Ten Bosch, servido para la familia y el personal de los novios. Por orden de Beatrix, nadie pudo lucir vestimenta negra, por ser el color de la muerte; muchas argentinas se vieron en aprietos. Tampoco se podía vestir de blanco, porque sería el color del vestido de la novia. Ni de naranja, por ser el color de los Orange. Y, para evitar inconvenientes y malos entendidos con los hombres argentinos, la Casa Real se encargó de confeccionar los jacquets para cada evento.

Los concurrentes fueron recogidos de sus hoteles a las 11.45. En el Salón Oranjezaa le dieron la bienvenida a su Majestad la Reina y a su Alteza Real. A las 12.45 en punto se sirvió el almuerzo bufé en la sala del jardín (Tuinkamer). Esta fue la primera experiencia donde los criollos —exaltadísimos y cholulísimos— se mezclaron con la realeza. Como estaba estipulado, a las 14.30 el almuerzo llegó a su fin y Máxima salió junto a su prometido en el auto oficial hacia el palacio real de Ámsterdam, donde tenía programado uno de sus breves descansos.

Mientras sus amigas y familiares comentaban cual peluqueras de barrio sobre lo ocurrido en el primer gran suceso —desde el vestido de la princesa Laurentien hasta la sencillez de la reina Beatrix—, Máxima intentaba dormir una siesta que la serenara, que aplacara de una vez por todas sus broncas. Tenía que verse impecable para la cena que compartiría con los miembros de las casas reales de Europa y Oriente, que habían viajado para su boda. Ella sabía que todos, desde el rey Juan Carlos de España hasta la princesa Victoria de Suecia, estaban al tanto de que sus padres no estarían presentes, y también conocían las razones. La familia Zorreguieta estaba en boca del mundo entero y no por buenos motivos. Era de esperarse: no logró cerrar un ojo…

A las 18.35, Doña Máxima junto a S.M. (Su Majestad) la Reina, S. A. R. (Su Alteza Real) el Príncipe Claus y S.A.R. (Su Alteza Real) el Príncipe de Orange, daban la bienvenida a sus invitados en la galería sur del palacio real de Ámsterdam.

"Estaba muy angustiada por la ausencia de mi padre, pero con la gente mostraba su mejor sonrisa; Maxi tiene un don especial para hacer sociales", recuerda una de sus hermanas. Y es cierto. Porque durante los diez minutos que duró la bienvenida, la criolla opacó a su inminente marido y a su suegra. Allí estaban algunos miembros de los Zorreguieta, los Cerruti, los Carricart y los Blaquier, paraditos cual soldados alrededor de las mesas asignadas, inquietos por acatar correctamente las reglas del protocolo. Entre susurros, las mujeres se quejaban porque no podían ir al baño, ni sacarse el sombrero, ni sentarse hasta que ingresara la reina que, como buena reina, fue la última en entrar.

Tampoco se sentían cómodos con la imposición sobre cómo relacionarse con sus compañeros de mesa. Según el protocolo, primero debían conversar un rato con la persona que tenían a su derecha y, luego, otro tanto con el que tenían a la izquierda. Algunos conocidos del príncipe aprovecharon la velada para gozar de cinco minutos de gloria narrando historias que los argentinos saboreaban tanto como los vinos mendocinos y salteños servidos aquella noche. El mayordomo que trabajaba para Willem Alexander cuando era soltero contaba las andanzas del novio en sus épocas de "Príncipe bee" (en alusión a su pasión por la cerveza) y opinaba sobre lo bien que había hecho en casarse con Máxima, porque era "una mujer tremendamente inteligente" que, entre otras cosas, "una vez le cambió un discurso entero y el público lo ovacionó".

Esa noche, la reina tomó el micrófono para agradecerle a su nuera por lo buena persona que era y por lo feliz que hacía a su hijo. Otra vez la consoló diciéndole que entendía que extrañara a sus padres y recalcó el esfuerzo que había hecho en aprender el holandés. Como era de esperar, hubo aplausos para la soberana y miradas cómplices para Máxima, que lloraba consternada. Luego se lució Martín Zorreguieta con un discurso cargado de emotividad y recuerdos, elogios para la Argentina y agradecimientos a los Orange. Willem Alexander también le dedicó unas palabras: "Max, pongo a todos los invitados como testigos para que prometas que nunca perderás tu sencillez y tu alegría por el hecho de entrar a la Casa Real". Compromiso complicado para una chica de Barrio Norte que en el lapso de dos años había pasado a convertirse en el ícono nacional de un país que conocía poco, a moverse bajo estrictas reglas, a decir lo políticamente correcto y a callar lo que puede caer mal. Así y todo, Máxima, incrédula, le prometió en público a su novio que sería la misma mujer de siempre.

Como anticipaba el programa de la boda, a las ocho de la noche de ese 31 de enero comenzó la cena: entrada de medallón de salmón, ternera asada con salsa de morillas o calabacín con ratatouille como platos principales y, de postre, L'orange y mocha, regados con Salentein, el vino argentino preferido del príncipe. Había otro postre pautado en la carta que finalmente nadie pudo disfrutar: los helados encargados a Freddo —los favoritos de Máxima— quedaron varados en la aduana por algunos inconvenientes burocráticos. Para el brindis, se descorcharon cientos de botellas de champagne Chandon. Máxima apenas tuvo contacto con sus invitados aquella noche. A los plebeyos les había tocado comer en otro salón, mientras ella y los nobles compartían un espacio exclusivo para reyes, reinas, príncipes y princesas. Condes y condesas, marqueses y marquesas, barones y baronesas.

Una hora y cuarto más tarde, junto con la música, llegó momento de la mezcolanza en el Salón de los Ciudadanos (Burgerzaal). Allí hicieron el clásico trencito y bailaron salsa al ritmo de una banda cubana. La reina —que ese mismo día cumplía sesenta y cuatro años— corría excitada de una mesa a la otra. El príncipe Claus, enfermo, contemplaba sentado en una silla la felicidad de su hijo mayor. Carolina de Mónaco fumaba habanos sin perder la elegancia. Y el príncipe Carlos permanecía inmóvil y ni se esforzó por sociabilizar. El heredero de la Corona española, Felipe de Borbón —todavía sin Letizia en su vida—, bailaba con todas las damas: casadas, solteras, nobles y plebeyas. Más de una soñaba con repetir la historia de Máxima.

Los festejos continuaron al día siguiente y los invitados argentinos seguían de gira por la ciudad, vestidos de etiqueta. Un grupo rebelde se animó a romper con el programa para disfrutar de los coffee shops del Barrio Rojo, pero la mayoría siguió con lo prolijamente establecido para aquel viernes 1 de febrero: la exposición Van Gogh & Gaugin, la Feria del Diamante y la Colección de Arte de la Familia Six. Al mediodía pudieron ver a lo lejos a la anfitriona en el palacio de Conciertos de Ámsterdam, donde en honor a ella y al príncipe se interpretó "Romeo y Julieta". ¿Qué novia argentina querría estar en un concierto de música de cámara a un día de casarse? Seguramente ninguna. Y Máxima no era la excepción. Los compromisos parecían eternos: el saludo desde el palco, las felicitaciones a los músicos, almuerzo y, de ahí, derechito, a un ensayo general en la iglesia Nieuwe Kerk para practicar la entrada y la salida, con una cortina que reemplazaba a la cola del vestido diseñado por Valentino. Esa tarde, su agenda no marcaba una pausa de descanso.

Luego de casi tres horas de pruebas, Máxima cenó junto a la familia real y los huéspedes que se alojaban en el palacio. Eran apenas las 17.30, un horario nada habitual para los argentinos, pero nadie se animó a despreciar las delicias servidas. Ella apenas probó bocado: la ansiedad y la angustia le habían sacado las ganas de comer. Al menos, la desazón se expresaba en forma de falta de hambre y no de voracidad, como le había sucedido tantas otras veces; en tres días podía engordar lo suficiente como para arruinar su traje de novia.

Todavía faltaba algo más antes del gran evento: la ovación de 52 mil personas en el Estadio Arena de Ámsterdam, la fabulosa cancha de fútbol donde dos años antes se había jugado un partido amistoso entre Holanda y Argentina. La Casa Real surtió a los invitados de la boda con banderas, remeras y gorros naranjas para vitorear a la feliz pareja cuando realizó una vuelta olímpica en un antiguo Ford-T blanco. La fiesta había sido organizada para que los habitantes de Holanda mostraran su "solidaridad" con el futuro matrimonio, según explicó la Corona. Obreros, empresarios y amas de casa abonaron una entrada de cuarenta y cinco euros para ver de lejos a la parejita real, acercarles regalos y brindarles show musicales.

Por la noche, en el Hotel Amstel, se ofreció una cena tardía. Allí, Máxima y sus íntimas amigas gastaron la pista de la disco. Las chicas del Northlands —desesperadas por encontrar un candidato potable— bailaron cerca de los hombres que Máxima les marcó: solteros y multimillonarios. La única afortunada fue Samantha Dean, que conoció al barón de Rangers, Frederik van Welderen, con el que se casó dos años más tarde. Martín ofició un rato de DJ amateur y el príncipe, fiel a su estilo, la pasaba de lo más bien en el Salón de Estatuder, participando de juegos tradicionales holandeses. Entre carcajadas y cervezas, expulsaba los nervios que sentía por el paso que daría en pocas horas. Máxima, a esa altura, ya estaba agotada. Y todavía le quedaba por delante el día crucial.

El 2 de febrero amaneció soleado y esplendoroso. La casi princesa abrió los cortinados bordó de su habitación y se sintió feliz, por primera vez en varias semanas. Pensó que esos quince grados, inéditos para el invierno holandés, debían ser asumidos como un buen augurio. Lo primero que hizo esa mañana fue llamar a sus padres a Londres. Despertó a Coqui, que le ganó en velocidad a María Pame, sabiendo que a esa hora sólo podía ser su hija. Máxima sonó tranquila, alegre. Le dijo a su padre cuánto lo extrañaría en ese día tan especial pero le prometió entereza, que igual disfrutaría. Su madre arrebató el tubo y lloró, mezclando alegría y tristeza. No logró esbozar una frase coherente que su hija pudiera entender. Fue un día extraño para María Pame: a puro televisor y teléfono. Ese sábado mantuvo con Máxima ocho conversaciones telefónicas. Más otro par de docenas de llamados con sus familiares presentes en Ámsterdam.

Un amor de novela entramaría la historia de la Argentina y Holanda aquel hermoso día. Amores y odios se cruzaban y aparecerían como espectros a lo largo de la larga jornada que se iniciaba. Máxima se sintió realmente enamorada apenas vio al príncipe esa mañana; y se lo dijo: "Te hubiese elegido así fueras el jardinero de este palacio". Y le dio el último beso de novios. En la calle, los fans más entusiastas ya se reservaban los mejores lugares desde donde poder ver el paso de la carroza real. En una esquina, un pequeño grupo de jóvenes argentinos y holandeses se pertrechaban con disimulo entre la gente, dispuestos a recordarle a la novia el pasado de su padre a los huevazos.

Máxima estaba lista para convertirse en la señora Van Amsberg, pero las lágrimas —después de hablar otra vez con sus padres— la obligaban a retocar su maquillaje una y otra vez. Durante ese llamado, Coqui sonó mucho más abatido. Le dijo a su hija que nada hubiese querido más en la vida que estar con ella en ese momento, aunque sea disfrazado. Y encima se cortó la comunicación. El equipo de contención conformado por sus amigas y sus seis hermanos no pudo hacer demasiado en aquel momento. Nadie podía reemplazar el abrazo fuerte y seco de su padre. Ni los comentarios de madre sobreprotectora de María Pame.

La celebración religiosa se acercaba; Ámsterdam ya era para entonces la ciudad más segura del mundo. El servicio de inteligencia investigó a más de veinticinco mil personas y una caravana de treinta patrulleros recorrió el área por la que se desplazaría el cortejo nupcial. Seis mil agentes, asistidos por policías expertos en antiterrorismo expresamente venidos de Alemania, procuraban que ningún incidente arruinara la boda. Sólo un hombre puso en jaque al sistema cuando lanzó a la carroza un tacho de pintura. Los jóvenes argentinos y holandeses no se animaron a arrojar sus huevos y terminaron contemplando el paso de la carroza como un grupo de espectadores más. El espacio aéreo estuvo restringido por primera vez en la historia, mientras una flota de helicópteros policiales sobrevolaba los alrededores por temor a un atentado.

El reloj marcaba las 8.30 y las damas de honor —Inés Zorreguieta, Valeria Delger, Juliana Guillermo (sobrina de Beatrix) y Theresa von der Recke (prima de Willem Alexander)— ya estaban listas para encontrarse con la novia. Durante los próximos cuarenta minutos, como una perfecta coreografía, pajes, padrinos, familia, testigos y amigos se ubicaron en los lugares indicados, para las fotos y para las conversaciones que el escaso tiempo permitió. Cada situación estaba estudiada y claramente delimitada. Luego, los invitados marcharon a los micros que tenían asignados, según el programa de 128 páginas que los guió durante toda la estadía.

A las 10.02 de la mañana, los novios, junto con los testigos y los familiares más cercanos, llegaron al edificio de la Bolsa de Berlage para celebrar el casamiento civil. Allí, en el Gran Salón, la reina Beatrix, Marcela Cerruti y Martín Zorreguieta oficiaron como testigos de Máxima; el príncipe Constantijn, Marc ter Haar (un plebeyo amigo del príncipe) y Frank Houben (íntimo de la familia real), como testigos de Willem Alexander. No debieron aguardar más de cinco minutos al alcalde M. J. Cohen, que por fin convirtió a los novios en marido y mujer.

El resto de los invitados, que entre otras celebridades incluía a Nelson Mandela, fue conducido a un salón del palacio para observar la ceremonia a través de un circuito cerrado de televisión. Los plebeyos se apuraron y coparon los mejores lugares para seguir de cerca la boda. Sin asistentes ni damas de compañía a la vista, la reina Sofía de España no tuvo otra opción que apelar a sus buenos modales para pedirle a uno de los invitados argentinos que le dejara un lugarcito para seguir la transmisión.

Desde allí se veía al alcalde hablándole a Máxima: "Para el observador superficial, esto puede parecer un cuento de hadas. Pero usted ya sabe de las dolorosas limitaciones que impone el título de Princesa. Incluso en el día de hoy", le dijo en castellano, por primera y única vez.

Con su honorable título de Princesa Real de Holanda, Princesa de Orange-Nassau y Señora Van Amsberg, y con su primera condecoración civil en Holanda —la Gran Cruz del León Holandés—, Máxima salió exultante de la Bolsa. No podía gozar del título de su marido, el de príncipe de Orange —al menos hasta que él se convirtiera en rey—, pero tampoco le importaba. Ya era princesa.

Ese 2 de febrero de 2002, novecientos millones de personas en todo el mundo prendieron el televisor para seguir la ceremonia religiosa que se celebraba en la iglesia Nieuwe Kerk de Holanda, una construcción majestuosa del siglo XV, donde se coronaron y se esposaron todos los reyes de Holanda desde entonces.

En Victoria, al norte de Buenos Aires, la comunidad holandesa seguía la boda en el Sans Souci. Allí seiscientas personas, algunos con remeras de la selección holandesa y otros con detalles anaranjados en su vestimenta, celebraban la boda con un típico asado argentino.

Durante su ingreso a la iglesia, Máxima espiaba hacia los costados, esperando encontrar caras familiares entre alguno de los mil setecientos invitados. Fantaseaba con descubrir a su padre disfrazado, haciéndole un gesto cómplice, abriéndose paso entre los nobles para abrazarla. Era sólo un sueño, uno recurrente, que logró desvelarla en las últimas noches, y que misteriosamente coincidió con el comentario de Coqui en el segundo llamado de ese día; también tuvo esas últimas noches una pesadilla molesta: que tropezaba con la cola de su vestido, en la que Valentino había puesto especial atención y carácter a pedido expreso de la reina.

El reverendo Carel van Ter Linden comenzó la ceremonia recordando a María Pame Cerruti y a Coqui Zorreguieta, los grandes ausentes. "Sin ellos, Máxima no hubiera podido ser lo que es hoy", aseguró como si los conociera de toda la vida. Un amigo de la familia, el sacerdote Rafael Braun, al que Máxima llama "Rafi" y que definió como "un hombre maravilloso e inspirador", leyó una plegaria en español y un fragmento del Libro de Ruth. La novia, emocionada, lagrimeó por primera vez. Es evidente que ya sabía que no podría evitarlo, porque, ejecutiva, sacó de la manga de su vestido un pañuelo blanco que llevaba escondido y se secó delicadamente los ojos. Máxima había tenido que pelear para que la participación del padre Rafi tuviera valor para el catolicismo. No fue un trámite fácil, tampoco: el religioso estaba en la lista negra del Parlamento holandés por sus opiniones durante la última dictadura militar y sus críticas a las campañas internacionales de denuncia de violaciones a los derechos humanos. "Hasta donde tengo conocimiento, en todos los países en los que se combatió la guerrilla o la subversión se utilizó la tortura, es inevitable", le dijo el cura al periodista holandés Jan Thielen durante una entrevista. Esas palabras, sumadas a sus editoriales de la revista *Criterio* durante el Proceso —época en la que se desempeñaba como director de esa publicación oficialista—, causaron revuelo en Holanda durante la víspera de la boda.

El padre Rafi, como lo llaman también los fieles del convento Santa Catalina, se negó categóricamente a explicar para este libro su postura durante la década del 70, argumentando que lo conversado con Thielen había sido una declaración *off the record*. "Ese periodista holandés era un sinvergüenza", comentó.

La reina se arrimó y le susurró a la novia llorona: "Eres una dulce". El príncipe se dispuso a consolarla. Le repitió: "Te amo, te amo, te amo" y le dijo, usando algo de su torpe sutileza: "No hace falta que llores más". Pero justo en ese momento el bandoneonista Carel Kraayenhof comenzó su magnífica y sentida ejecución de "Adiós, Nonino", el tango favorito de Jorge Zorreguieta. Máxima, entonces, lloró a mares. Sus padres, en Londres, lloraron a mares. Afuera, en el Dam, la plaza central, los miles de holandeses que seguían la ceremonia a través de los video-walls lloraron a mares. "Ese día, dos millones de holandeses lloraron con esa muchacha argentina que se emocionaba con mi tango. Y eso es mucho, lo aseguro, es muy fuerte, porque mis compatriotas no lloran tan fácilmente", recuerda, casi llorando, el propio Kraayenhof. Un periodista de Ámsterdam calculó que con todas las lágrimas que vertieron en ese momento los holandeses podían llenar la cancha del club Ajax.

Carel Kraayenhof no olvidará nunca aquel instante. Dice que cerró los ojos y tocó como si en vez de estar en la pantalla de novecientos millones de espectadores estuviera en el living de su casa. Su casa, sí. Esa casa de Noord Beemster donde unos meses antes había sonado el timbre. Y cuando fue a atender, vio una cara que le pareció familiar pero no llegó a reconocer. "Soy Máxima Zorreguieta, la novia de Willem Alexander", se presentó esa muchacha rubia que insólitamente estaba parada frente a su puerta. La invitó a pasar. Ella le contó que quería un tango en su boda, y le preguntó si se animaba a tocar. "Es el único que puede hacerlo, ya estuve averiguando", lo piropeó ella. Carel estaba embelesado por su simpatía. La invitó con un vaso de agua, pero en vez de agua prepararon té. La llevó luego por una especie de cuarto-museo, repleto de objetos de tango: discos, láminas, libros, fotos; hasta una bufanda que le regaló Osvaldo Pugliese. Allí encontró Máxima la cubierta gastada de un viejo disco de vinilo. "Esto quiero", dijo en español. Carel miró asombrado; era el disco "Adiós, Nonino", de Astor Piazzolla y su Quinteto, editado en 1969 por el sello Trova. "Un gustazo", sonrió él, en perfecto argentino. "Es el tango favorito de mi papá", comentó ella. Y no hizo falta agregar nada más. En silencio, el músico tomo su bandoneón y tocó, de memoria, casi como en la iglesia, "Adiós, Nonino".

"Son gente macanuda, Máxima y Alex. Quedó con ellos una buena relación. De vez en cuando nos hablamos por teléfono", cuenta Carel. Y avisa que le encanta la palabra macanudo.

La princesa macanuda había practicado su "ja" decenas de veces frente al espejo. A una amiga le confesó que tenía miedo: "¡Me va a salir 'sí', en castellano!". Era un miedo ridículo, lo reconocía. Pero bueno, nunca en su vida pensó que debería dar el sí en holandés y ante ocho reinas, cuatro reyes y un centenar de nobles llegados de toda Europa, Oriente y África. Finalmente, no fue tan difícil. Cuando el pastor le preguntó a Máxima si aceptaba como esposo a Willem Alexander, antes de que ella respondiera se escuchó dentro de la iglesia un estruendoso "¡jaaa!" que llegó desde la plaza, donde la multitud seguía la ceremonia por las pantallas gigantes. "Para quienes estábamos dentro fue un momento increíblemente emocionante", recuerda Heleen Spanjaard, especialista en realeza de la revista holandesa *Margiet*. El "ja" de Máxima pareció, a esa altura, tremendamente tímido.

Ya estaban casados. La alianza de platino, que durante unos segundos se había resistido a entrar en el anular de la novia, ahora le calzaba a la perfección. El flamante marido le repitió, una y mil veces más, que la amaba. Y, para cumplir con su primer deber en calidad de príncipes, la tomó del brazo. Pasaron al lado de la bella Noor de Jordania y del príncipe Naruhito de Japón. Saludaron al príncipe Ferdinand, de la casa von Bismark, y al príncipe Enrest de Hanover, de la casa de los Guelfos, que estaba acompañado de su mujer, la princesa de Mónaco. Reconocieron al príncipe heredero de Marruecos, el Mulay Rachid. Y se subieron a la espléndida carroza bañada en oro que los vecinos de Ámsterdam ofrecieran a Guillermina con motivo de su investidura en 1898. El carruaje sólo se usa en actos en acontecimientos de carácter muy oficial. En esta ocasión fue llevado por seis caballos; cuando Willem Alexander finalmente se convierta en rey, será tirado por ocho caballos blancos.

Máxima saludó todo el tiempo, a lo largo de todo el trayecto. Como si quisiera saludar una por una a las doscientas mil personas que copaban la ciudad. Jamás se detuvo, ni siquiera cuando se topó con un cacerolazo a la holandesa en contra de su padre. Siguió agitando su mano, como si nada pasara, tal como le habían recomendado. En ese mismo momento, mientras la carroza avanzaba por las callejuelas y los puentes, María Pame intentaba comunicarse desde Londres con alguno de sus hijos o de sus hermanas. Nadie pudo atenderla. Los chicos no habían vuelto a encender sus celulares después de la ceremonia. María Cecilia, Tatila, que había sido más precavida, no quiso responder porque no podía dejar de llorar. La mamá, hecha una furia en su habitación del Ritz, le dijo a Coqui: "En la tele no se ve nada lo que está pasando. Quiero saber qué pasa. Yo la llamo a Maxi". Pero su esposo le sacó el teléfono. Máxima le contó después que estaba pensando en ella. Tenía ganas de ver ya a sus padres. Se encontrarían al día siguiente en Saint Moritz, donde la familia Heineken, dueños del grupo cervecero, les había cedido su mansión para que se juntaran las dos familias, los Orange y los Zorreguieta. Los príncipes continuarían su luna de miel en Cerdeña y en Aruba, una de las Antillas holandesas del Caribe.

Luego de veinte minutos de paseo, se bajaron de la carroza en el palacio Dam, donde seguirían las celebraciones. La multitud les pedía a coro una prueba de amor: "kiss, kiss, kiss". Tan felices como nerviosos, ella y su marido se asomaron al balcón. Willem Alexander dudaba. Máxima lo alentó. Él, entonces, le dio un recatado beso en la boca. Fue la primera vez que una pareja real holandesa se besaba en público. Pero la gente pedía más. Se dieron un segundo, y un tercer beso. El cuarto, que duró 8,3 segundos, fue el que por fin dejó satisfecho al fervoroso público.

## Capítulo 11
## El príncipe naranja

*L*e da pudor admitirlo, pero Máxima siempre supo que es la preferida de su padre. Fue la única de los hermanos Zorreguieta que logró dormir la siesta abrazada a Coqui, a pesar de la oposición de María Pame. "Dejá de malcriarla, que cuando vos no estás se pone insoportable", se quejaba la madre. Máxima tenía tres años y sólo aceptaba ir a la cama sin poner resistencia si él le contaba un cuento y luego se quedaba con ella hasta que se durmiera. Hija mayor de su segundo matrimonio, Coqui tenía con Máxima un vínculo más fuerte y estrecho que con cualquier otro miembro de la familia. Su nacimiento significó para Zorreguieta todo un desafío social, incluso para los valores pacatos que él mismo solía pregonar. Fruto de una relación que no tenía sello oficial en la Argentina ni había sido reconocida por la Iglesia, Máxima era también su gran oportunidad de corregir los posibles desaciertos que hubiera tenido en la crianza de sus hijas mayores: María, Ángeles y Dolores. Coqui, siempre un padre cariñoso y dedicado, sentía eternas culpas por haber roto su primer hogar cuando sus niñas eran aún muy pequeñas.

Máxima era su fiel reflejo. "Es mi versión mejorada, la gorda es mucho más inteligente que yo", aseguraba el padre, orgulloso ante cada uno de los logros de su hija. La relación de admiración mutua que mantenían sirvió para brindarle a la hija la seguridad necesaria durante su niñez. "Mi papá es el mejor del mundo", recuerdan las tías de Pergamino que Máxima repetía a sus primos, cada vez que Coqui improvisaba chacareras con su guitarra. "Papá no es tu marido, es mi marido", desafiaba risueña a su madre, y él asentía, con leves movimientos de cabeza y una mueca traviesa. Ni siquiera en plena adolescencia sufrió grietas ese amor edípico. Nadie parecía entender como su padre las penurias de una edad difícil, y era su permanente aliado en las peleas y discusiones con María Pame.

Lo que hasta allí parecía la gracia de una niña con el tiempo se transformaría en un tema de diván. De joven, le resultó muy complicado encontrar un hombre que estuviera a la altura de su padre, que fuera lo que ella estaba convencida que un hombre debía ser: igual a papá. Coqui tampoco colaboraba demasiado para que su hija se diera el permiso necesario de entregarse al amor. Los contados novios que habían pasado por su casa eran poca cosa, desde su óptica, para su querida Máxima. A los ojos de papá, ninguno podía ofrecerle demasiado. "Vos te merecés un hombre que te trate como a una reina", le repetía cuando Máxima lloraba por mal de amores.

Las palabras de su padre calaron tan hondo que parecen haber convencido al mismísimo destino. Y cuando Máxima no sabía cómo terminar su relación con Dieter Zimmerman —otro fracaso amoroso—, apareció en escena Willem Alexander Claus

Georg Ferdinand, príncipe de los Países Bajos, de Orange-Nassau y Jonkheer Van Amsberg. El príncipe al que inconscientemente tanto había buscado, el hombre que cambió su vida y la de toda su familia.

Alex, como lo llama Máxima, o Sander, como le dice su madre, llegó al mundo el 27 de abril de 1967. Holanda festejó la noticia con 101 cañonazos y grandes esperanzas: después de 116 años nacía un futuro rey varón para el país. En calidad de heredero, sus padres y el pueblo esperaban que fuera un joven maduro, comprometido con la misión que le había tocado: representar con entrega y excelencia a su país. Pero, a decir verdad, a Willem Alexander ser el próximo rey de Holanda nunca le quitó el sueño, por lo menos antes de conocer a Máxima. Sus padres, la reina Beatrix y el príncipe Claus, se habían fijado la meta de criarlo con sencillez, querían evitar que se sintiera un chico "especial". Algo que, con el tiempo, se le vendría en contra. Con la coronación de su madre, Willem Alexander se volvió ingobernable. Tenía trece años y estaba enojado con la vida que le había tocado en suerte. Detestaba a la prensa y no se molestaba en disimularlo, al punto de insultar públicamente a fotógrafos y periodistas. Beatrix, demasiado ocupada en atender las cuestiones de Estado, no podía con él. Y Claus vivía deprimido. El príncipe no se adaptaba a su nueva casa, el palacio Noordeinde. Las discusiones eran cosa de todos los días. Por eso, cuando cumplió dieciséis años, Beatrix decidió inscribirlo como alumno pupilo en el Atlantic College, en Gales, con la convicción de que allí dejaría de comportarse como un niño maleducado y regresaría a su patria convertido en un hombre hecho y derecho. Pero a Willem Alexander sus futuras responsabilidades siguieron sin importarle.

En una entrevista desde el internado en el que completó sus estudios secundarios declaró sin reparos: "Primero quiero vivir y ver cómo funciona todo. La verdad, preferiría que mi hermano Friso sea rey, pero creo que tampoco quiere. Friso siempre dice: 'Péguenle a Alex, pero, por favor, no lo maten, si no yo tendré que ser rey'". Durante su adolescencia, de lo único que quería ser rey era de la noche. Su comportamiento era tan previsible como insoportable para los adultos que lo rodeaban. Tenía cierta lógica. Debía diferenciarse de sus padres, ir en contra del mandato ancestral que le había tocado. "Como cualquier adolescente, no me consideraba problemático. Y mis padres no se consideraban problemáticos. Pero yo los consideraba problemáticos y ellos a mí", reflexionó el príncipe varios años después.

En el Atlantic College conoció a la primera latina que le partiría el corazón: Josefina Larrabure. "Jose", como la llamaba Willem Alexander, era la hija de un banquero peruano con la que —se rumorea— tuvo su primera experiencia amorosa. Una lista importante de novias lo esperaba antes de dar con la madre de sus hijas. Entre las conquistas más importantes se destacan Paulette Schröder (su padre era el dueño del grupo Martinair), la modelo Frederique van der Wal (a la que dejó por considerarla aburrida), Ivonne van Gennip (una patinadora de hielo), Yolanda Adriaansens (una estudiante de comunicación, hija del director de KLM) y Emily Bremers, una estudiante holandesa a la que conoció en un vuelo comercial en el cual él ofició de piloto. Ella trabajaba de azafata para costear sus estudios de Derecho y, cuando estuvo frente al príncipe, se sorprendió con su simpatía. Los holandeses se enteraron de su existencia a raíz de un accidente que sufrieron con el Porsche de Willem Alexander cuando volvían de Alemania, del cual salieron con heridas leves. Durante mucho tiempo, el príncipe no pudo volver a conducir un Porsche porque su madre se lo prohibió por considerarlo un auto demasiado veloz para su hijo, tremendamente impulsivo. Debió conformarse entonces con manejar un Volvo, más seguro, casi familiar. Mucho tiempo después —cuando comenzó su relación con Máxima— Willem Alexander volvió a desafiar a la reina y se compró el último modelo de Porsche; Beatrix apenas sonrió cuando se enteró: "Los últimos esbozos de su rebeldía", consideró.

Si bien el pueblo holandés aceptó a Emily, la reina no la toleraba. Su padre, un dentista del montón, había mudado su consultorio a Bélgica para evadir impuestos en Holanda, "traición" suficiente para que Beatrix pusiera a la hija en su lista negra. Al parecer, Emily, cansada de lidiar con los desplantes de su suegra, prefirió cortar el noviazgo con Willem Alexander. Sin derramar ni una lágrima, a las pocas semanas se paseaba con un íntimo amigo del príncipe, el barón Floris van Hövell, un noble que hasta principios de 2008 trabajó en la embajada de Holanda en la Argentina. En aquel momento, algunos medios especularon con que la relación entre Emily y Floris sólo era una pantalla para que Willem Alexander pudiera seguir viéndola sin recibir quejas de su madre. Fuera como fuese, con el tiempo el príncipe entendió que no le convenía intentar burlar la inteligencia de Beatrix y decidió que él y Emily serían sólo amigos. De hecho, fue él quien le presentó a Rhoderick van der Wijck, un hombre de su confianza con quien ella finalmente terminaría casándose.

Cuando apareció Máxima en su vida, la relación entre Emily y Willem Alexander volvió a sembrar rumores e intrigas palaciegas. Algunos medios holandeses la comparaban con Camilla Parker Bowles, la actual pareja del príncipe Carlos de Inglaterra, quien había sido su amante eterna mientras él estaba casado con Lady Di. A Máxima no le gustaba nada este paralelismo que trazaban los medios más sensacionalistas. Sospechaba que algo se escondía tras la amistad entre su novio y la ex. Al principio de su relación con Willem Alexander, desconfiaba de las intenciones de Emily. Era demasiado simpática, demasiado atenta con ella… como si quisiera despistarla para que no advirtiera que todavía se seguían encontrando a escondidas. La miraba y no podía evitar pensar que ella y su novio habían compartido las mismas sábanas y que, quizás, todavía se atraían.

Ese es un rasgo de su personalidad que sólo conocen sus mejores amigas y, ahora, también el príncipe: Máxima es tremendamente celosa. A veces intenta frenar esos bajos impulsos. Pero confía demasiado en sus instintos femeninos, y eso suele terminar traicionándola. Máxima cree fervientemente en el tonto dicho que dice que "donde hubo fuego, cenizas quedan". Ni siquiera podía ver a Emily como la típica despechada, porque había sido ella la que había terminado la relación. Si hubiera sido por él, quizás aún estarían juntos. La situación le resultaba insoportable… No era lo suficientemente abierta —por más que se mostrara como una mujer moderna con mentalidad neo-yorquina— como para sentarse a la misma mesa que una mujer que, hasta hacía no mucho tiempo, había sido tan importante para su príncipe. Además, la distancia entre Máxima y su novio no era una buena aliada contra la remoción de los celos y, aun peor, contra las infidelidades.

Mientras ella se esforzaba por aprender holandés en Bruselas, la prensa difundió esa noticia de una velada que Willem Alexander había compartido con su amiga Emily. Esta no era la primera vez que los indiscretos paparazzi le tomaban fotos al príncipe con su antigua novia. Y Máxima odiaba enterarse de sus salidas por las revistas. Willem Alexander le dio una explicación: simplemente había amanecido con antojo de comida china, gusto culinario que compartía con Emily, y decidieron organizar una china party con amigos. Según trascendidos, el evento sólo consistió en una panzada de chaw-fan, chop-suey y arrolladitos primavera en la casa de Emily. Pero Máxima no le perdonó que no la hubiera informado de la salida y se lo recriminó a los gritos. Willem Alexander juró y perjuró que nada había pasado entre ellos, que sólo se trató de un encuentro entre amigos. "Si te preguntaba, no me hubieses dejado ir", se explicó con sinceridad.

A la larga, Máxima no tuvo más remedio que acostumbrarse a la presencia permanente de Emily en los alrededores de los castillos holandeses. Por eso, cambió de estrategia y decidió incorporarla a su círculo selecto. Hoy hasta la aconseja sobre sus asuntos matrimoniales.

En 2004, Máxima volvería a sentirse humillada en público. Al mismo tiempo que ella viajaba hacia Buenos Aires con la princesita Amalia, de tan sólo nueve meses, para festejar el cumpleaños de su madre, su marido volaba hacia Atenas para disfrutar de los Juegos Olímpicos. El malestar había comenzado en el palacete de Waasenaar: Máxima quería que Willem Alexander la acompañara a Buenos Aires. Su instinto había hecho reaparecer esos celos cegadores, tal vez potenciados porque sentía que el puerperio no le sentaba demasiado bien. No quería, entonces, que él estuviera solo, rodeado de mujeres hermosas y deportistas, su histórica debilidad. El príncipe, que se estaba acomodando muy lentamente a su rol de padre, pretendía seguir con la tradición que llevaba de toda la vida: concurrir a los Juegos Olímpicos. "Max, no puedo faltar, soy miembro del Comité Olímpico Internacional", argumentó él para definir la disputa. Máxima no encontró la manera de impedirle que se marchara solo a Grecia.

La reina compartía los temores de su nuera. Por eso, antes de que su hijo viajara a Grecia, Beatrix le rogó que se comportara correctamente, no como en el 96, cuando en los Juegos de Atlanta debió ser asistido para retirarse de un bar, luego de que se excediera con algunas copas por celebrar la victoria del equipo holandés de hockey femenino. Pero su presencia tampoco pasó inadvertida en la edición 2004, sobre todo para la ex nadadora Inge de Bruijn. Willem Alexander fue el encargado de entregarle a la joven y hermosa deportista de treinta y un años la medalla de bronce que acababa de ganar en los cien metros mariposa. Posaron juntos en varias fotos que luego dieron la vuelta al mundo: ella enroscada en su cuello, él con una sonrisa gigante tomándola fuerte de la mano. Parecían el matrimonio de un entrenador y su pupila. "Inky, la invencible" —como la llamaban— estaba exultante y no tenía pudor en demostrarlo. Considerada por sus allegados tan buena nadadora como cholula, tenía un importante historial persiguiendo famosos. Cuatro años antes, en los Juegos de Sidney, había hecho lo imposible por tomarse fotos con el rey Juan Carlos de España y con el tenista alemán Boris Becker. Tan distraída estuvo con ese objetivo, que ella misma admitió que no se llevó ninguna medalla por estar más concentrada en las celebridades del evento que en la pileta olímpica.

Lejos de la excitación de los Juegos, en Buenos Aires, Máxima paseaba a la pequeña Catharina-Amalia por los parques del country Los Pingüinos. Su semblante y su humor delataban su indignación: sin duda, había visto las fotos publicadas en los medios europeos. Todos hablaban del inédito abrazo del príncipe e Inky, la invencible. En la televisión holandesa, una doble de la princesa hacía una parodia de lo ocurrido. Willem Alexander no sabía cómo explicarle lo que ella nunca llegó a entender, otra vez enfurecida.

Inky aumentó su popularidad en Holanda. Participó del programa inglés "Dancing with the stars" y de varios sketches humorísticos, entre ellos uno donde una imitadora de la reina la tiraba al piso luego de ver la foto de ella y de su hijo en una revista. Todo muy gracioso. Pero, por las dudas, para los Juegos Olímpicos de Beijing, la Casa Real le sugirió a Inky que no intentara acercarse al príncipe. Máxima también fue a China, y no lo dejó ni a sol ni a sombra.

La reina está segura de que, con Máxima como esposa de su hijo, el trono está en buenas manos. Lo mismo creen quienes tienen, o han tenido, la posibilidad de verlos juntos. Si en esa relación no es Máxima quien lleva la sartén por el mango, al menos conviven en un plano de absoluta igualdad en cuanto a los espacios de dominio. Lee sus discursos antes de que él abra la boca, supervisa sus compromisos oficiales, le dice lo que nadie —salvo la reina— se anima, elige su ropa. Aunque cada tanto se descuida y Alex sale a la calle con unos ridículos pantalones rojos o naranjas.

"Mi gran tarea es apoyar a mi esposo", asegura ella. Y no sólo lo cumple, sino que, desde que está en su vida, logró revertir lo que parecía difícil: que el pueblo holandés confiara plenamente en las capacidades del futuro rey. Aunque a veces pueda ensombrecerlo. Durante la edición 2007 del Foro Económico Mundial de Davos, Máxima puso en evidencia la parsimonia de su marido cuando le comentó al presidente de Afganistán todo lo que quedaba por hacer en políticas ambientales, sobre todo con el agua. "Mi papá, que trabaja en el sector del agro, siempre me dice que Willem Alexander se tiene que ocupar más del tema del agua", le dijo al jefe de Estado afgano. Fue una buena metida de pata: ocurre que una de las ocupaciones centrales de Willem Alexander es atender la Comisión Mundial del Agua, con sede, justamente, en Holanda. Los consejeros retaron a Máxima, le pidieron que midiera sus comentarios. Pero el príncipe ni se inmutó. Para ella sólo tiene palabras de amor. Está convencido de que, gracias a su inteligencia y a su intuición, Máxima logró mejorar la relación turbulenta que él siempre mantuvo con su madre. Como también su imagen. Los familiares argentinos de la princesa, que comparten con la pareja frondosos asados en Los Pingüinos cuando ellos visitan Buenos Aires, no dejan de sorprenderse cada vez por dos reiteraciones: la fidelidad del príncipe por su media medida de vodka de la sobremesa y las muestras de amor hacia Maxi. "Siguen muy pegoteados", grafica una buena amiga.

## Capítulo 12
## Jugando con la reina

"Se llama Máxima, es argentina pero vive en Nueva York. Confiá en mí y no preguntes nada", le dijo el príncipe a su madre, una noche de mayo de 1999, mientras cenaban en el palacio Huis Ten Bosch. Aunque el noviazgo llevaba apenas un par de meses, la reina intuyó, por la inédita seriedad que Willem Alexander le había dado al tema, que esta nueva relación no sería una más en la agitada vida sentimental de su hijo.

Tres días después, el Servicio Secreto holandés recibía la orden de investigar a una joven economista argentina llamada Máxima Zorreguieta. Claro que allí ya conocían de su existencia y de su incipiente relación con el príncipe. Pero no se imaginaban que tan rápido deberían contarle a la reina lo que ya sabían y conseguirle nuevos datos, más pormenorizados.

Beatrix pidió cautela y discreción, nadie debería enterarse. Su hijo enfurecería si descubría que, nuevamente, jugaba a ser Sherlock Holmes. Ya lo había hecho con todas sus ex novias y, en cada ocasión, el príncipe la castigó con el peor de los silencios. La vida privada de sus afectos, creía él, era un asunto en el cual ni ella ni nadie podía inmiscuirse. La reina no pensaba lo mismo. Para ella no existían los espacios vedados y mucho menos si se trataba de un extraño que quería ingresar a la familia real. Amigos, aspirantes a novias y empleados deben sí o sí pasar bajo su lupa. Al mayor de sus hijos le costó años de rebeldía entender que su madre tenía la obligación de interferir en su vida social y sentimental. "¡Estoy harto de que te metas en todo!", le reprochaba. Friso y Constantijn trataban de apaciguar la ira de su hermano mayor. Hasta su padre, el príncipe Claus, intercedía en pos de calmar las aguas, aunque la comunicación entre ellos tampoco era de lo más fluida. Entonces, la relación madre e hijo se convertía en el tema central de la Casa Real. Beatrix y su equipo de asesores planeaban diversas estrategias para domar el temperamento de Willem Alexander, que pretendía moverse con la libertad de un plebeyo. El corazón de la reina de Holanda, al fin de cuentas, no era tan duro como el de otras soberanas. Comprendía el enojo de su hijo, pero no podía faltar a sus deberes. El futuro de los Orange, con Willem Alexander a la cabeza, era una cuestión de Estado.

El príncipe protestaría al enterarse de que Máxima también estaba siendo investigada. Pero pataleó de pura costumbre. A esa altura, sabía que su pataleo adolescente no conduciría a nada. De hecho, había aprendido que el Servicio Secreto indagaba "de oficio" acerca de las relaciones que mantuvieran tanto él como sus hermanos, que los guardaespaldas que los seguían a sol y sombra tenían la obligación de informar sobre cada uno de sus pasos, sus actos y sus encuentros. Fue capaz incluso de disfrutar un poco de esas protestas suyas, imaginándose la malasangre de su madre por sentir que volvía a "traicionar" a su hijo. Estaba más grande Alex, había perdido su ingenuidad juvenil, y hasta podía verse a sí mismo, un par de décadas más adelante, mandando a investigar sus propios hijos. Igual, le avisó a Máxima de inmediato, adelantando su siguiente viaje a Nueva York.

—¿Tenés algo que esconder?

Máxima, sincera, se demoró un tiempo en responder la pregunta de su novio. Se lo tomó un poco en sorna, de cualquier manera: le dijo que en su vida no había grandes secretos. No consumía drogas, creía que ninguno de sus amigos era traficante o pedófilo, y su experiencia sexual, como él bien sabía, no era digna del libro *Guinness*. Le contó también, por primera vez, que su padre había tenido un cargo en un gobierno militar. Durante su adolescencia en el Northlands y su primera juventud en la UCA, ella nunca tomó conciencia de que su amado Coqui podía representar un problema. Pero en Nueva York, había escuchado comentarios muy negativos de sus nuevos amigos sobre la dictadura. Intentó explicarle al príncipe cuál había sido su función durante el gobierno de Videla, aunque Willem Alexander ya había perdido interés y no la escuchaba con atención. No parecía haber nada demasiado grave. "No te preocupes por eso", le dijo. No fue suficiente ese comentario, por supuesto, para que Máxima se quedara tranquila. Comprendía perfectamente que, estando de novia con un príncipe, investigaran su pasado y su presente, su familia y sus amigos, su entorno laboral y sus gustos personales. Sin embargo, temía que pudieran encontrar algo que ella misma desconociera.

Cuatro semanas después, al regresar a su departamento de Chelsea, pisó un sobre lacrado con el sello real que habían pasado por debajo de la puerta. Era una invitación de la reina Beatrix para que visitara a la familia real en su residencia de verano en Italia. Esa invitación, le advirtió el príncipe, significaba que la investigación pasaba a su segunda etapa. Las averiguaciones sobre su persona, su trabajo y sus relaciones se realizarían formal y abiertamente, con entrevistas a ella misma y algunos de sus amigos; incluso, se cursó un pedido de informes a la dirección del Deutsche Bank. "No digas malas palabras cuando hables, seguro que tenés tus teléfonos intervenidos", bromeaba su hermano Martín desde Buenos Aires.

Máxima se tenía fe, pero los nervios la estaban matando. Hurgaba en su memoria y se convencía de que no existían manchas de las cuales pudiera avergonzarse. Hasta tenía la sensación de que el destino la había preparado para este momento. Si bien estaba lejos de ser una noble, su educación en un colegio inglés, sus estudios de grado en una universidad católica, su carrera de ejecutiva exitosa en bancos y financieras multinacionales, su buen dominio de los idiomas, su pericia para montar a caballo y para esquiar, su fanatismo por el polo, hasta su aspecto personal, debían ser factores que le jugaran a favor en los informes que recibiría la reina. Y así fue: Beatrix quedó cautivada por la personalidad y el carisma que reseñaba el Servicio Secreto de aquella joven argentina. Sin embargo, ya habían encontrado una mancha: como sospechaba Máxima, el pasado de su padre era un problema grande. La reina tenía algo que explicar; igual, siguió su intuición y decidió confiar en la novia de su hijo, a pesar de que aún no la conocía. Había llegado, entonces, la hora de conocerla.

Las lágrimas de Máxima afloraron tanto en el civil como en la Iglesia.
La emoción y la ausencia de sus padres fueron reflejadas por la TV
ante millones de espectadores en todo el mundo.

Valentino diseñó su vestido de boda, inspirándose en el
que usara Beatrix para su propio casamiento: cuello
chimenea, corte imperio y cola de cinco metros.
Su costo: 160 mil dólares.

Máxima y Willem Alexander fueron los primeros integrantes de la Familia Real en besarse en público. Doscientos mil holandeses lo festejaron en la plaza central de Ámsterdam.

La princesa a bordo de la famosa Carroza de Oro, durante un acto oficial. Fue construida en 1898 y es tirada por ocho caballos negros.

Junto a su suegra Beatrix, en el balcón del Palacio Real. La reina aprobó a Máxima de inmediato y fue su gran tutora en su preparación como princesa.

Villa Ekenhorst, la mansión donde Máxima y Willem Alexander
conviven desde 2003. Está rodeada de boscosos parques, en un
privilegiado suburbio de La Haya.

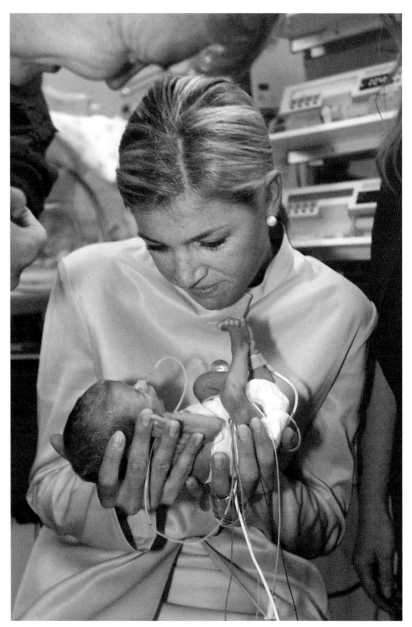

La princesa sostiene a un bebé prematuro durante una visita a la unidad de neonatología de un hospital de Ámsterdam. En Holanda, asume posiciones a favor de los inmigrantes y desprotegidos.

A pleno con su familia política. El encuentro con sus cuñados y sus respectivas esposas fue un hecho memorable para la reina. Friso, hermano de Willem, vive en Londres, y con Constantijn sólo se ven en contadas ocasiones.

Princesa entre reyes. En 2001, Máxima debutó como anfitriona durante una gala en el palacio de Ámsterdam para recibir a la reina Sofía y al rey Juan Carlos de España.

En visita oficial a la Argentina junto a su marido. Suele llegar de incógnito a Buenos Aires, y se refugia en el country Los Pingüinos, en el oeste del conurbano.

Tiene una buena relación con la presidenta Cristina Fernández de Kirchner.
Suele defender su gestión tanto ante sus amigas argentinas como en Holanda.

Máxima llevó a su esposo y su suegra, la reina Beatrix, de vacaciones a Jujuy.
Comieron empanadas, escucharon folclore y compraron artesanías.

Máxima y Willem Alexander posan junto a sus hijas, las princesitas Amalia
(en bicicleta), Alexia (en brazos de su madre) y Ariane (en brazos de su padre).

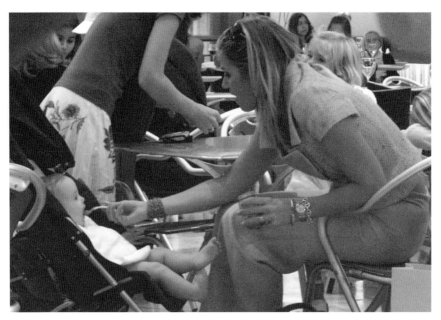

En el shopping Patio Bullrich, dándole de comer a la princesita Alexia. Suele salir a pasear con su madre y sus hijas por Buenos Aires, siempre rodeada de guardaespaldas.

Lech, Austria. Febrero de 2006. La princesa argentina le contagió su pasión por el esquí a su hija mayor, Amalia, la futura reina de Holanda.

Para Máxima, en cambio, "investigar" a su suegra antes del encuentro bilateral resultaba más sencillo, menos sofisticado y más económico. Gastó unos trescientos dólares en la librería Barnes & Noble para comprar —junto a su primer manual de introducción al holandés— las dos biografías disponibles sobre Beatrix. Se desayunó acerca de las controversias desatadas por el casamiento de la reina con Claus, un joven con pasado nazi. Leyó sobre el romántico ayuno de cuatro días que Beatrix había realizado porque sus padres se oponían a la boda. Se divirtió con las andanzas del príncipe Bernardo —padre de la reina— un playboy mujeriego, jugador, un poco borrachín y experto en inmiscuirse en negocios turbulentos. Se enteró de hijos no reconocidos, de escándalos de alcoba, de relaciones non-sanctas. Definitivamente, la familia real, como la suya, como cualquier familia, también tenía cosas para esconder bajo la alfombra. Eso le dio un respiro. Y pudo concentrarse en descubrir a través de aquellos libros quién era Beatrix, cómo pensaba, cuáles eran sus gustos, secretos y temores. Tal vez, así, descubriría también qué tipo de mujer podría agradarle.

El flechazo entre Máxima y Beatrix tuvo lugar en agosto de 1999, en Rocco dei Dragoni, la villa estilo medieval que tiene la reina en Tavernelle, Italia. La pareja real esperaba ansiosa la llegada de su hijo y su novia, sentados en el parque, hipnotizados por el majestuoso paisaje de las colinas de Chianti. Pocas personas podían levantarlos de aquel lugar, apenas la Reina Madre y Máxima. La argentina llegó con lo mejor que tenía: su sonrisa y la firme voluntad de conquistar a sus futuros suegros. Entre vinos de la zona y manjares toscanos, logró ser el centro de la reunión, aunque apenas pronunciara alguna que otra palabra en holandés: "ja" (sí), "heerlijk" (sabroso) y "dank u" (gracias). Suficiente para que Beatrix la llenara de elogios por su acento, su estilo y su simpatía. La reina y Claus le preguntaron sobre su familia, cómo era la relación con sus hermanas mayores —que no era hijas de su madre— y qué planes tenía para el futuro. Ella contó que estaba muy a gusto en el Deutsche Bank, que tenía un cargo importante y que esperaba seguir ascendiendo. Por primera vez en mucho tiempo, Beatrix se sentía feliz, y ella era la responsable de esa felicidad. Pensó en su padre, en lo contento que se pondría cuando le contara que la reina había sido un amor con ella.

Máxima reconoce que aquel día estaba inspirada. Sus amigas la describen como una chica divertida, graciosa y mal hablada. En Tavernelle, sus cuentos acerca de sus fallidos intentos por cocinar en su pequeña cocina de Nueva York, las inexplicables caídas que sufría caminando por la calle y la primera impresión que le causó Alex, cuando lo conoció en Sevilla, a Beatrix la hicieron reír mucho.

La primera sesión de charla duró cerca de cuatro horas. Y fue casi un duelo entre dos tipos de inteligencias. La reina, con una suerte de interrogatorio amable. Máxima, haciendo uso de un poder inmenso de concentración, que le permitió mantener la atención en ese límite de donde no podía pasarse. Su frescura nunca podía confundirse con desubicación. Su gracia, nunca con torpeza. Su glam, nunca con frivolidad. Era, claro, un ejercicio agotador. Pero el príncipe no llegó a darse cuenta de tanto esfuerzo. A los postres, viendo que su novia y su madre habían hecho tan buenas migas, sintió que la conversación ya no necesitaba de árbitro. Tomó una copa de helado, se levantó y enfiló calladito hacia a su habitación en busca de un descanso. Moría por encerrarse con la Playstation, juego que lo acompañaba por todo el mundo. Estaba seguro de que ellas podían quedarse charlando toda la tarde sin notar su ausencia. Máxima no creía lo mismo, cuando lo vio caminando hacia las habitaciones. ¡Era ella quien necesitaba un descanso! Le hubiera puesto la bochita de helado de sombrero. Claro, no era momento para discutir. Puso entonces lo mejor de sí, pensó en su futuro y logró transformar el malhumor, otra vez, en paciencia. Respondió con total naturalidad hasta las más indiscretas preguntas. "¿Qué hacía tu novio anterior?" "¿Trabajan o estudian tus hermanos?" La argentina quiso mostrar interés por la vida de Claus, quien le narraba, con lujo de detalles, su difícil adaptación a la familia real. Pero por más empeño que pusiera, la conversación con su suegro tenía un efecto narcótico. Quizás, para evitar que se quedara dormida, Beatrix se ofreció para mostrarle personalmente cada rincón de la casa.

Esa fue una característica que se avizoró por primera vez ese día y que luego se extendería a lo largo de la placentera relación entre las dos mujeres: Beatrix tiene la virtud, casi como si fuera adivinación, de rescatarla cuando está al límite del aburrimiento. Lo sigue haciendo todavía, en cada oportunidad en que comparten algún acto protocolar que se hace demasiado largo: la reina se excusa por su edad e interrumpe argumentando cansancio. "Máxima, acompáñame", pide.

Tomadas del brazo recorrieron los jardines, la bodega y algunas de las veintidós habitaciones de la villa italiana. Para ella,

Beatrix había reservado la mejor: un cálido cuarto con vista al valle de Pesa.

Antes de dejarla libre, le pidió que, de allí en más, la llamara Trix, como lo hacían sus íntimos. Máxima aceptó encantada: ser considerada por la reina de Holanda como una "íntima" superaba ampliamente los objetivos que se había propuesto para esa primera jornada. Su suegra marchó a su habitación y Claus dormía plácidamente en el living principal. Los hermanos de su novio se esfumaron mágicamente después del postre y el resto de los invitados habían partido rumbo a la ciudad de Florencia. Máxima, de repente, se encontró sola, en la enorme casona. Respiró profundo, salió a los jardines nuevamente, y saboreó la brisa mediterránea y el éxito del tan ansiado encuentro.

Cuando Máxima entró en la vida de los Orange, el palacio estaba muy lejos de ser el reino de la felicidad. La depresión del príncipe Claus representaba un tema de conflicto entre la reina y sus hijos. Ya nadie sabía cómo lidiar con su estado de ánimo. La llegada de Máxima distendió un poco el ambiente: todas las miradas se posaron sobre ella, la nueva, y Claus pasó a un segundo plano. Tal vez por esta razón, durante el inicio de la relación, el padre de su novio no le tenía demasiada simpatía. Máxima lo había desplazado. Su espontaneidad era apreciada como un don divino, que ella exprimió todo lo protocolarmente permitido. Luego de la boda, siguió afianzando la relación con su suegra. Lo que al principio hacía con esfuerzo, para ganarse su aprobación, luego le surgía con naturalidad: le gustaba estar con Beatrix. Era una mujer fría y autoritaria, es cierto, pero le parecía muy inteligente y tenía mucho que aprender de ella. Básicamente, a usar esa extraña forma de poder en que se ha convertido la monarquía en el siglo XXI y a apreciar el arte. Máxima tenía allí una cuenta pendiente: como buena chica criada en los colegios privados porteños, no tenía una cultura demasiado amplia. Poco sabía de pintura, de música o de literatura clásica. Pero reconoció esa escasez con humildad. A la reina, más que una carencia, le pareció un desafío. Comenzó a regalarle clásicos de las letras europeas y libros de arte renacentista. Holanda tiene una riquísima historia pictórica. Y quien pretenda ser una buena soberana debe conocer esa historia. La princesa asumió el reto como si fueran nuevas materias a rendir. Y estudió con la misma voracidad que antes había dedicado al idioma o a la historia. Beatriz oficiaba de principal asesora y, al poco tiempo, se convirtió en su confidente. La joven economista vivía una realidad cada vez más lejana a la de sus familiares y amigos, que escuchaban sus experiencias de cuento de hadas como si se tratara de una película surrealista. Argentina, allá lejos, seguía luchando por salir de una profunda crisis. Máxima, enterada de todo pero rodeada de riquezas, se aferraba más que nunca al amor de su príncipe y a la amistad de la reina.

Parecían dos colegialas, siempre juntas en actos, viajes y fiestas. La reina incluso contrató como secretario privado a un viejo conocido de la familia Cerruti Carricart, recomendado por Máxima: Félix Rhodius, oriundo de Pergamino. Laurentien, la novia del príncipe Constantijn, y Mabel, la novia del príncipe Friso, en cambio, veían a su suegra sólo en escasos eventos. La rubia argentina, que copaba día a día la agenda de la reina y las tapas de todos los medios locales, las había desplazado a pura simpatía y carisma. No era holandesa ni de familia noble, ni siquiera hablaba perfectamente el idioma. Pero era la más querida y quien, en definitiva, sería la futura soberana.

Beatrix sabía que su hijo era un buen hombre, astuto e ilustrado. Pero no es el príncipe más carismático de Europa... Por eso, apostó todas sus fichas a la plebeya argentina, como si se tratara de una inversión a largo plazo para completar los espacios vacíos que dejaba Willem Alexander. Y Máxima no la defraudó. Se cargó al hombro esas expectativas y obedeció cada una de sus órdenes. Entre ellas, la de poner distancia con el servicio doméstico al que —a criterio de la reina— trataba con demasiada familiaridad. Ahora, algunos integrantes del personal de su palacio suelen acusarla, por lo bajo, de ser una mujer altanera y ambiciosa.

Rubias, profesionales y de clase alta, las plebeyas que ingresaron a la familia real holandesa tienen varios puntos en común. Laurentien Brinkhorst, de niña, solía pasar tardes enteras en el palacio jugando con quien sería su marido. Su padre era ministro y amigo de Beatrix. Las vueltas de la vida los unirían para siempre; sus hijos, Laurentien y el príncipe Constantijn —el menor de los herederos de la reina—, se casaron el 17 de mayo de 2001 (casualmente el mismo día del cumpleaños de Máxima). Esta fue la única pareja de los Orange que logró llegar al altar sin objeciones del parlamento ni de la sociedad holandesa.

A pesar de ser el matrimonio que menos complicaciones le trajo a Beatrix, con Laurie nunca fueron muy compinches. La prensa amarilla tejió alrededor de la hermosa muchacha una historia de fantasías: Laurentien siempre soñó con convertirse en reina y, en pos de ese objetivo, le presentó al príncipe Friso a una de sus mejores amigas, Mabel Wisse Smit. Pero Mabel había tenido durante su juventud un romance con un narcotraficante, historia que Laurentien conocía de memoria. Según esta conjetura periodística, la esposa de Constantijn confiaba en que su amiga sería rechazada y ella adelantaría un puesto en la carrera sucesoria al trono. Así fue: cuando el parlamento comenzó a investigar el pasado de Mabel, encontraron la turbia historia de amor con el narcotraficante muerto en 1991 en un tiroteo. El tema se convirtió en un escándalo nacional. Hasta que el 24 de abril de 2004, en un rapto de pasión, Friso decidió ceder sus derechos sucesorios para casarse con la mujer de su vida. Hoy, la pareja reside en Londres, lejos del protocolo y de las presiones familiares. Pero la reina sigue extrañando a su hijo, y, dicen, nunca perdonó a Laurie por haberle ocultado la información sobre el romance peligroso de su amiga.

Con una nuera lejana y otra recelada, Máxima se convirtió en la gran protegida de Beatrix. Ninguna de las dos se ruboriza al admitir cuánto se quieren. Si Máxima no puede acudir a un acto oficial, Beatrix no sólo la excusa, sino que le manda saludos por la tele. Durante el acto por el Día de la Reina, la soberana le explicó al pueblo que su nuera no estaba presente porque acababa de parir y que, por supuesto, la echaba de menos. Máxima la llamó y se lo agradeció emocionada. Beatrix le recomendó que descansara; a lo largo de sus vidas tendrían miles de actos oficiales para compartir. Porque una de las obligaciones de Máxima es asistir a cuanta inauguración, condecoración, gala y fiesta se organice en honor a la familia real. Debe estar siempre radiante. "Es una vida cansadora, pero ella se la banca bien", asegura una de sus hermanas. Es parte del asunto, y la princesa lo sabe. Nunca se quejará frente a su suegra y rara vez cambiará los planes trazados. Desde el primer día entendió cuál es el secreto para tener Beatrix de su lado: jamás debe contradecírsela. Sin su apoyo incondicional, la relación con Willem Alexander hubiera quedado en una increíble anécdota y, con suerte, en las páginas de algunas revistas gastadas por el paso del tiempo.

A la abu Trix le encanta instalarse en la residencia de su hijo mayor cuando termina con sus tareas oficiales. Jamás llamará para preguntar si puede visitarlos, descarta que será bien recibida. Las partidas de bridge que organiza Máxima son para ella una adicción. La reina jugó de joven, pero recién retomó su práctica por insistencia de su nuera. Y se ha convertido en una fanática. Los días en que se levanta con ganas de jugar, hasta puede cancelar sus compromisos oficiales. La princesa convoca a las jugadoras: sus amigas argentinas Graciela Rossetto y Graciela Prosperi, la esposa del multimillonario Theo Dietz, la señora Wassenaar (dama de compañía de la soberana); a veces, hasta concurre Emily Bremers, la ex de Willem Alexander. Cuando están en plena partida, si alguien osa interrumpirla, Beatrix se enfurece como la Reina de Corazones de *Alicia en el país de las Maravillas*.

También disfruta mucho de sus tres nietas. No les cambia los pañales, pero en las noches en que sus padres salen, suele acostarlas y las duerme con cuentos reales de príncipes y princesas. La estadía en casa de Willem Alexander y Máxima puede extenderse por varios días. Con ella también deben salir de vacaciones —en invierno y en verano— y recorrer el mundo en calidad de representantes de la Casa Real de Holanda. Desde que enviudó, en octubre de 2002, la familia de su hijo mayor se convirtió en su principal refugio.

Beatrix también le enseñó a Máxima a ser más selectiva y analítica de las personas que la rodean. Ahora sospecha de quien se le acerca, imaginando un posible especulador. Conversa y sonríe, pero nunca le confiará a nadie sus discusiones maritales ni su lucha contra la balanza. Sabe que cualquiera querría pertenecer al círculo selecto de una princesa y que los medios más sensacionalistas darían lo que fuera por tener alguna primicia sobre ella. A través de su secretaria privada suele enviar correos electrónicos a sus amigos y conocidos, rogándoles que no hablen con la prensa. Pedidos que luego refuerza la Casa Real con llamadas telefónicas a veces intimidatorias, como las que recibimos los autores de este libro durante la investigación. El colegio Northlands debió firmar un acuerdo de confidencialidad con la Casa Real, a fin de preservar la intimidad de su pasado. Y Máxima selló un pacto de honor con todas sus compañeras para que no revelen sus más antiguos secretos. El enemigo puede estar en cualquier parte: entre sus amigas, vecinos, ex novios. Todos saben algo de ella.

De hecho, apenas conoció a su marido, los asesores de la Corona le recomendaron que tuviera cautela al hablar y al elegir sus amistades. Desde hace ocho años, la mayoría de sus relaciones son estratégicamente evaluadas. Sólo entran al palacio aquellos que tienen algo para dar a cambio o que gozan de buena reputación en la sociedad holandesa. Como Alexandra Jankovich de Jeszenice, la madrina de la princesita Alexia, una exitosa empresaria de origen húngaro que forma parte de la Fundación Lezen & Schrijven (Leer y Escribir), fundada por la princesa Laurentien. O como Annejet Philipse-Paalman, con quien se divierte tanto como con sus amigas de Buenos Aires; ambas tienen la misma edad y sus maridos son íntimos de toda la vida. A Máxima le encanta ir a cenar a su restaurante, Diner Thuis, donde siempre la sorprenden con un nuevo vino argentino. También disfruta de veladas nocturnas en De Horsten con sus amigas Las Gracielas, Rossetto y Prosperi, ambas casadas con holandeses. A Rossetto, reconocida fotógrafa en Ámsterdam, la Casa Real le concedió el honor de tomar la primera foto oficial de Amalia. Prosperi, en cambio, es traductora, y también saboreó las mieles de ser su amiga. Escribió la letra de *Despierta mi niña*, canción que interpretó un coro de niños durante el bautismo de la primera hija de Maxi y Alex.

Hoy, prefiere definir a la reina como su amiga antes que como su suegra. Aunque no deja de extrañarle esa forma insólita en que siempre está presente en la realeza la muerte y el espíritu del reemplazo. Cada vez que Beatrix le aconseja algo comenzando la frase con "cuando seas reina" o "cuando asuma Alex", la princesa no puede dejar de pensar que está pronosticando su propia desaparición. El inminente reinado de su esposo, de cualquier forma, la posee, la determina y domina todo lo que la rodea: cada palabra, cada gesto, cada acción. Ella puede disfrutarlo y dormir tranquila porque Beatrix está a su lado, sí, preparándola para convertirla en una gran sucesora.

## Capítulo 13

# *Holanda siempre estuvo cerca*

*U*n reconocido artista holandés, llamado Johannes Vingboons, fue el autor de la primera imagen que se conoce de Buenos Aires. El grabado data de 1628, y representa la silueta de lo que por entonces no era más que un pequeño poblado a orillas del Río de la Plata. Se ven algunas pocas casas, el fuerte y la iglesia; en primer plano, aparecen varias embarcaciones de bandera holandesa surcando las aguas rioplatenses.

La imagen constituye todo un documento histórico. Y una metáfora de cómo los holandeses ya habían posado su mirada en este rincón del mundo casi cuatro siglos antes de que Máxima se convirtiera en princesa. Por entonces, unos cincuenta navíos llegaban hasta aquí desde Rótterdam cada año, en busca de cueros, sebo (grasa animal empleada para fabricar velas, jabones y diversos artículos) y otras materias primas. A la vez, traían telas, herramientas y diferentes productos elaborados en Europa.

Era, al cabo, el germen de un vínculo sólido y duradero —pero no exento de controversias— entre Holanda y la Argentina. Un vínculo que, con altibajos e intermitencias, siempre tuvo al intercambio comercial como factor predominante de las relaciones entre ambos estados. Aunque también ha trascendido a otros ámbitos como los de la política, el deporte, la cultura y la diplomacia.

Tras aquellas aventuras iniciáticas de comienzos del siglo XVII, la actividad comercial con los Países Bajos decayó a niveles marginales en el siglo siguiente, opacada por la posición dominante que alcanzaron en la región potencias como Francia y Gran Bretaña. Sin embargo, a partir de 1810 el vínculo resurgió con fuerza. De a poco, empresas holandesas fueron conquistando el mercado del Río de la Plata con manufacturas tan disímiles como la ginebra Bols —que fue adoptada hasta convertirse en un ícono de las pulperías gauchas—, los quesos, las máquinas a vapor y los materiales hidráulicos.

Mientras tanto, ya para fines de ese siglo, el gobierno argentino otorgaba subsidios a las navieras holandesas para que trasladaran inmigrantes hacia la Argentina, con el objetivo de inyectar mano de obra en una economía entonces pujante. De aquella época datan las primeras corrientes migratorias que arribaron desde los Países Bajos. Y también, las primeras compras de tierras y propiedades por parte de inversores holandeses.

Compañías como la Real Lloyd y la Holland-Amerika-Lijn hicieron del trayecto que unía los puertos de Rótterdam y Buenos Aires una ruta estratégica de intercambio. Para las décadas iniciales del siglo pasado, Holanda se había convertido en uno de los principales socios económicos de nuestro país. La firma en 1937 del primer tratado de comercio entre ambos estados contribuyó a sistematizar aquel estrecho lazo y a ampliar sus perspectivas de crecimiento.

Tras un breve paréntesis como consecuencia de la Segunda Guerra Mundial (en la que Holanda padeció los efectos de la ocupación alemana), los contactos comerciales se reanudaron en 1950. Al año siguiente, el príncipe Bernardo, cónyuge de la reina Juliana, concretó una visita oficial a la Argentina para consolidar la relación comercial. Su gestión redundó en ventas de material ferroviario (20 locomotoras y 500 vagones construidos por la compañía Werspoor) y —según versiones nunca confirmadas— miles de armas que estaban destinadas originalmente a la Policía Federal pero que habrían acabado en manos del sindicalismo peronista.

El príncipe, con fama de mujeriego, quedó encandilado por la belleza de Eva Perón. A tal punto que le obsequió un collar de perlas y algunos medios holandeses llegaron a deslizar la hipótesis de un supuesto affaire. Rumores al margen, lo cierto es que los términos del intercambio se tornarían cada vez más desfavorables para la Argentina: el proteccionismo agrario del Viejo Continente —en especial a partir de la creación de la Comunidad Económica Europea en 1957— fue mermando la competitividad de las exportaciones argentinas, básicamente, de origen agropecuario.

La inmigración holandesa a la Argentina ha sido un fenómeno relativamente menor en términos cuantitativos, si se lo compara con colectividades como la italiana o la española. Sin embargo, no son pocos los que —después de cruzar el Atlántico— dejaron su huella en las pampas, como Hendrik Weyenbergh, quien fuera titular de la Academia Nacional de Ciencias a fines del siglo XIX.

La primera y mayor oleada migratoria data de 1888 a 1892, cuando unos cuatro mil holandeses, escapando de la pobreza y en busca de la prosperidad que asomaba por estos pagos, llegaron al país gracias a los pasajes subsidiados que otorgaba el gobierno argentino. Alrededor de cincuenta familias fueron las pioneras: zarparon de Rótterdam y llegaron a Buenos Aires a bordo del vapor *Leerdam*, a mediados de 1888. Todos fueron alojados en un principio en el Hotel de los Inmigrantes y luego trasladados en tren a la ciudad de Tres Arroyos. Desde allí partieron en carretas hasta los campos de don Benjamín del Castillo, en Micaela Cascallares, y hasta el establecimiento La Hibernia, de Enrique Butty. Entre aquellas familias pioneras estaban los Ziljstra, Banninga, Wilgenhoff, Van der Molen, Van der Ploeg, De Vries, Hemkes y Jansen. Desde entonces, la localidad recibiría el mote de "la pequeña Holanda".

Orden, sacrificio y austeridad —en línea con el espíritu laborioso que pregona la ética calvinista— fueron algunos de los valores que caracterizaron a aquellas familias pioneras. El cooperativismo en las tareas rurales constituyó otra marca de identidad de estos primeros colonos. Fueron, de cualquier forma, épocas muy duras para los recién llegados. Solo el tradicional esfuerzo protestante le permitió a la mayoría alcanzar su meta: ser propietarios de la tierra que trabajaban. Para ello cumplió un rol clave la Cooperativa Rural Alfa, fundada en 1928 por agricultores holandeses, y que les dio un fuerte impulso en temas tales como compras conjuntas, mutualidad contra el granizo y accidentes, financiamiento y créditos. En la actualidad, sus silos tienen una capacidad de 120 mil toneladas de almacenaje y procesamiento.

El Colegio Holandés es otra de las instituciones fundamentales de la ciudad. Aunque Soujpe Rijper, el primer maestro, arribó en 1908, el colegio empezó a funcionar recién en 1937, en el salón de cultos de la Iglesia Reformada. Dos años después llegó Cornelio Ludovico Slebos, un maestro ejemplar que dirigió el establecimiento hasta su muerte, en 1978. Durante muchos años el colegio fue sólo primario, con internado, ya que la mayoría de las familias holandesas vivían en el campo. Luego se abriría el secundario y, más tarde, el jardín de infantes. Con el tiempo, cerró el internado y el colegio fue aceptando paulatinamente a otros sectores de la comunidad: hoy, apenas el 15 por ciento de sus 600 alumnos es de origen holandés.

Lugar de visita casi obligada para cada miembro de la dinastía real que arriba a la Argentina (desde el príncipe Bernardo en 1951 a la reina Beatrix en 2006), Tres Arroyos es hoy una pujante ciudad bonaerense de 52 mil habitantes. Allí, curiosidad del destino, es donde fue intendente comisionado Domingo Carricart Etchart: uno de los bisabuelos de Máxima.

Hacia 1924, por efecto de otra crisis que afectó a los agricultores europeos, se registró una segunda oleada inmigratoria, aunque más pequeña. Y luego de la Segunda Guerra Mundial otra llegada, para nada masiva, colocó a la política entremedio: varios colaboradores filonazis holandeses hallaron refugio en la Argentina desde 1945, amparados por el gobierno del general Juan Domingo Perón. Entre ellos el boxeador Jacob Olij, ex voluntario de la SS, y Andrés Riphagen, delator de los servicios secretos alemanes durante la ocupación y responsable de doscientas muertes, quien entablaría una amistad estrecha con Perón y Evita.

Luego de un período de escaso intercambio, hubo que esperar hasta fines de los años 70 para que, en plena dictadura militar en la Argentina, las corporaciones y entidades financieras holandesas volvieran a dirigir su mirada hacia el Río de la Plata. La construcción de un gasoducto desde la Patagonia hasta Buenos Aires, con capitales de ese origen, resultó una de las apuestas más ambiciosas. Pero también, más polémicas: el faraónico proyecto fracasó y el gobierno de facto reaccionó con la suspensión de los pagos al banco AMRO.

Más allá de este episodio, fueron varios los casos de grandes empresas que invirtieron con éxito en el país y siguen haciéndolo: desde la petrolera Shell hasta Philips, pasando por Unilever, el gigante financiero ING, Makro y Nidera.

En tal contexto, ¿qué actitud adoptaron la sociedad, la prensa y los políticos holandeses frente a las violaciones a los derechos humanos cometidas por la dictadura? Ni bien comenzaron a trascender las noticias sobre torturas y desaparecidos, Holanda fue uno de los países donde los medios más y mejor informaron sobre la situación en la Argentina y donde se generó, desde la sociedad civil, uno de los mayores movimientos de repudio en el exterior hacia los crímenes de la Junta Militar.

El gobierno holandés, sin embargo, no reaccionó con igual vehemencia. Más bien, como casi toda la comunidad internacional, optó por mantener una posición neutral y expectante; aunque —a tono con su histórica tradición de defensa de los derechos humanos— expresó, en diversas circunstancias, sus deseos de que no se violaran los tratados de las Naciones Unidas. Las críticas, eso sí, eran lo suficientemente moderadas y aisladas como para no afectar la búsqueda de una intensificación de los vínculos comerciales.

Esa búsqueda, justamente, redundó en un crecimiento de los lazos económicos durante fines de los años 70 y comienzos de los 80. Mientras organizaciones como SKAN (Comité de Solidaridad Argentina-Holanda) se empeñaban en alzar la voz para advertir sobre los crímenes de la dictadura —con acciones que incluyeron un intento de boicotear el Mundial 78 y reiterados pedidos de suspensión las relaciones económicas con el régimen militar—, un puñado de empresas de capitales holandeses cerraba millonarios contratos con el Estado. Varios negocios realizados durante esa etapa, de hecho, tuvieron como protagonista a Jorge Zorreguieta, quien como representante de la Secretaría de Agricultura cerró importantes pactos bilaterales para la exportación de cereales.

En mayo de 1978, Dorone Van den Brandeler, embajador de los Países Bajos en Buenos Aires, llegó incluso a reivindicar al dictador Videla: "El presidente es un hombre de buena voluntad, honrado hasta la médula, muy cristiano y contrariado porque no puede controlar a un par de ultras. En Holanda se ha dado la imagen de que en Argentina reina un clima de represión, de que la población está abatida bajo el yugo militar, pero eso dista mucho de ser verdad".

Declaraciones como éstas resultaban, sin dudas, funcionales a los intereses económicos recíprocos que florecían en aquellos años. El empresariado holandés veía con buenos ojos que su gobierno no obstaculizara el intercambio comercial con "inoportunos" reclamos sobre la situación de los derechos humanos. Para entonces, entre 1977 y 1980, Holanda llegaría a posicionarse como el segundo inversor más importante en la Argentina. Y sus compañías vendían volúmenes crecientes de productos ligados a los más diversos rubros: químicos y farmacéuticos, manufacturas en hierro y acero, aparatos electrónicos, maquinaria y... armamento.

Hacia fines de los 70, Holanda era el octavo país en el ranking de suministros de armas al Tercer Mundo. En Sudamérica, la Argentina era su comprador principal. Fokker proveía al Estado de aviones que luego, entre otras cosas, se emplearon para los trágicos "vuelos de la muerte", en los que se arrojaba a detenidos políticos al mar. Pero el principal escándalo involucró a la firma armamentística Hollandse Signaal Apparaten, filial de Philips, cuando la prensa reveló que estaba instruyendo a oficiales de las Fuerzas Armadas argentinas y proveyéndoles de equipamiento para la acción represiva. "No suministraría armas a un país donde hay una dictadura o una situación de represión", afirmaba por entonces Wisse Dekker, presidente del Consejo Directivo de Philips. Pero aclaraba que no era ese, desde su punto de vista, el caso argentino. Mientras tanto, desde el gobierno holandés, las vacilaciones y la ambigüedad seguirían marcando, en los años siguientes, la política oficial ante la Argentina.

No caben dudas de que, al menos comercialmente, Holanda fue un importante aliado de la dictadura argentina. Mientras la sociedad civil se movía proactivamente para repudiar la cruenta represión, los grandes grupos empresarios y el gobierno central apoyaron con poco disimulo a la Junta Militar. Por eso, cuando el Parlamento y el poder político debatieron sobre la responsabilidad del padre de Máxima durante los años de plomo, se perdió una enorme posibilidad para repudiar también la actitud especulativa holandesa ante el terror de Estado en la Argentina entre 1976 y 1983.

Las divergencias futboleras —luego del gran triunfo de la Naranja Mecánica en el Mundial 74 y la revancha argentina en la final del turbio Mundial 78— y las polémicas respecto de la injerencia holandesa en los oscuros tiempos de la dictadura parecen haber quedado bien lejos. La actualidad encuentra a Holanda como un aliado discreto pero firme en materia de comercio recíproco.

Tras la boda real entre Máxima y Willem Alexander, se intensificaron esos contactos comerciales. Y el mercado holandés ganó atractivos para los exportadores argentinos, de la mano de la curiosidad por todo lo relacionado con la patria natal de su futura monarca. Los vinos y los cortes de carne argentinos, por ejemplo, comenzaron a ocupar más lugar en las góndolas de los supermercados en Ámsterdam, Róterdam o La Haya. La devaluación del peso y una eficaz estrategia de promoción contribuyeron a que las exportaciones experimentaran un repunte.

Así, Holanda se convirtió en el segundo destino de las ventas argentinas a Europa. Luego de un retroceso entre 1998 y 2001, que coincidió con la crisis argentina, el comercio bilateral repuntó hasta alcanzar un saldo favorable para nuestro país de 1.560 millones de dólares en 2007, con ventas —sobre todo de productos primarios— por 1.800 millones. A su vez, los productos químicos encabezaron el ranking de importaciones desde Holanda en 2007 (44% del total), seguidos de los carburantes, grasas y aceites lubricantes (14%) y de las maquinarias y materiales eléctricos (13%).

Más allá de las multinacionales más reconocidas, otras compañías holandesas tienen fuerte actividad en el mercado argentino: Sesa Select, Farm Frites, 5C Alliance, TMF, TNT, Synthon, Van der Wiel, Avebe y la productora Endemol, que también aquí registró un éxito notable con su programa más famoso, Gran Hermano.

Sin embargo, la inversión holandesa en la Argentina —lejos de ampliarse— ha experimentado una notable caída en la última década: de los 1.140 millones de dólares en 1998, la cifra bajó a apenas 73 millones de dólares en 2007, concentrándose en los sectores del comercio, el petróleo y el gas y en los servicios financieros. El desembarco de C&A y la compra de la cadena de supermercados Disco por parte del grupo Royal Ahold NV son algunos de los hitos recientes de la penetración de estos capitales en el país.

## *Capítulo 14*
# *Del palacio al trabajo*

*M*áxima es una asalariada. En 2008 cobró a lo largo de todo el año 893.000 euros. Es decir, 1.250.000 dólares. Cada mes, entonces, sumó 104.200 dólares a su cuenta bancaria. A razón de 3.473 dólares por día. Es decir, la princesa gana más en un día que lo que la presidenta argentina gana por mes: el sueldo de Cristina Fernández de Kirchner es de 3.300 dólares.

A finales de 2007 la reina Beatrix encabezó una protesta gremial, aunque no consiguió gran cosa: apenas una mejora del 3 por ciento para ella, su hijo y su nuera argentina. Volvió a los reclamos en septiembre de 2008, pero esta vez le fue mucho peor: la crisis financiera mundial, que golpeó fuerte a la economía holandesa, y los excesivos gastos de la monarquía durante 2008 —en especial en viajes de Guillermo y Máxima— hicieron que el Parlamento terminara dándole a la familia real un tirón de orejas por la falta de austeridad.

Una investigación realizada por el profesor Herman Matthijs, de la Vrije Universiteit (Universidad Libre) de Bruselas, reveló que la holandesa es la casa real más cara de

Europa. Los 113.923.000 euros gastados por los Orange durante 2008 representan más de la mitad del total de lo que cuestan juntas todas las casas reales del Viejo Continente, que suman 220 millones de euros al año. O sea: la monarquía de Holanda gasta lo mismo que las monarquías de Gran Bretaña, España, Suecia, Bélgica, Noruega, Luxemburgo y Dinamarca juntas. Hoy, según las cuentas de los especialistas, la reina Beatrix cuesta dos veces y medio más a los holandeses que lo que les cuesta a los británicos mantener a la reina Elizabeth; y eso que Holanda tiene dieciséis millones de habitantes mientras que el Reino Unido tiene casi sesenta millones.

Además de los sueldos de la soberana y los príncipes, seis ministerios agotaron en 2008 un presupuesto global de 107 millones de euros reservados para la nueva familia de Máxima. De los sueldos de los empleados que trabajan en la Casa Real se ocupa el Ministerio de Asuntos Interiores, de los datos reportados por el Servicio de Información se ocupa el Ministerio de Asuntos Generales, de las visitas de Estado y recepciones oficiales se ocupa el Ministerio de Asuntos Exteriores, del uso de los aviones gubernamentales y del yate *Dragón Verde* se ocupa el Ministerio de Tráfico y Agua, del mantenimiento de los palacios se ocupa el Ministerio de Vivienda, Urbanismo y Medio Ambiente, y de los gastos relacionados con la seguridad de los miembros de la familia Orange y guardia "marechaussee" se ocupa la policía militar dependiente del Ministerio de Defensa. Además, el Estado holandés le presta a la reina y a su familia el palacio Real de Ámsterdam, el palacio Noordeinde de La Haya y el palacio Ten Huis Bosch, también en La Haya.

Al hogar de los príncipes herederos al trono, además de los 893.000 euros que cobró la princesa, hay que sumarle 1.008.000 que percibió su marido Willem Alexander. Beatrix, por su parte, recibió 4.201.000 millones de euros en 2008; casi seis millones de dólares en concepto de los sacrificios que hace por el país. Los beneficios para Máxima y los suyos no terminan en los sueldos, claro, porque además no pagan impuestos por los bienes que compran en función de sus títulos nobiliarios —como autos y palacios— ni por los derechos de sucesión.

El profesor Matthijs explica que en la Casa Real holandesa existen cuatro sueldos o "donatie" (donaciones). Cada uno de éstos se divide en tres partes: un componente A para pagar los sueldos de los empleados, un componente B para gastos que no se refieran a sueldos para los empleados y un componente C que es para los ingresos personales.

En el caso de la princesa Máxima el sueldo 2008 se dividió de la siguiente manera:

Componente A: 310.000
Componente B: 348.000
Componente C: 235.000

La división de su marido suma 310.000 en sueldos de empleados, 463.000 en otros gastos oficiales y 235.000 de ingresos personales.

Una ley referida a los asuntos financieros de la Casa Real promulgada en 1972 establece que el componente A debe adaptarse cada fin de año en línea con los incrementos de los sueldos de los empleados del Estado; más específicamente, de las personas que trabajan en las universidades (por lo general, en Holanda, los sueldos suben anualmente un dos o tres por ciento como mucho). En cuanto al componente B, debe adaptarse en base a los índices generales; el índice de precios de los consumidores, por lo general, es también del dos o tres por ciento anual. El componente C, es decir el ingreso personal de los miembros de la Casa Real, se reajusta cada fin de año en relación al salario del vicepresidente del consejo de Estado; por eso, esta parte del sueldo es transparente y fija una base objetiva para establecer impuestos personales. Tanto Máxima como su marido y su suegra sólo deben pagan impuestos sobre los bienes e ingresos personales que no estén ligados a sus gastos de representación.

Desde 2005, el presupuesto general del año se define siempre el tercer martes de septiembre del año anterior y se llama "Prinsjesdag", Día de los Príncipes. Ese día, Beatrix presenta el presupuesto del Estado con un discurso referido a la actualidad política ante los miembros del Congreso. Luego de esa reunión plenaria que se realiza en la Sala de Armas del gobierno (el Ridderzaal) de La Haya, el primer ministro se encarga de informar algunas de las sumas que serán destinadas a los gastos de la reina y los príncipes. Una vez finalizados los discursos, Beatrix —acompañada por Willem Alexander y Máxima— hace una salida triunfal en la carroza de oro hacia el palacio Noordeinde. El Prinsjesdag de 2008 estuvo opacado por la crisis financiera en Nueva York y la recesión mundial.

Hace varios años que los gastos de la Corona holandesa están en la agenda de los debates políticos... y también de los pubs. A pesar de que el pueblo holandés continúa apoyando al sistema monárquico, por momentos arrecian las críticas. Durante la década del 60, el gobierno holandés realizó una investigación sobre las finanzas de la Casa Real y descubrió que la reina Juliana —madre de Beatrix— tenía que recurrir a sus bienes personales para poder financiar los gastos relacionados con su función como jefe de Estado. A partir de aquel momento, el gobierno aumentó considerablemente los fondos destinados a la Corona, hasta llevarlos a este esquema donde marcan una diferencia abrumadora respecto a sus reyes vecinos. Pero los holandeses parecen estar descubriendo que 114 millones de euros por año es demasiado: el presupuesto real aumentó un 36 por ciento desde 2002 hasta 2008. Y Holanda, se sabe, no tiene los índices de la Argentina: la inflación acumulada de los Países Bajos durante los últimos seis años es menor al diez por ciento. Para estudiar, analizar y controlar esa suba en los números de la realeza, el Parlamento creó una comisión especial, encabezada por el ex vicepresidente Gerrit Zalm, que ahora observa todo con lupa.

Son las generaciones jóvenes las que más critican el sistema, y se preguntan qué sentido tiene para un país moderno seguir invirtiendo sumas multimillonarias en una familia que no gobierna. La llegada de Máxima a la Casa Real logró silenciar en buena parte esos interrogantes, al inyectarle carisma y sangre nueva a los Orange. La reina Beatrix es una mujer inteligente, pero demasiado fría y distante; el príncipe Willem Alexander, o

"Príncipe Cerveza", les parecía a sus súbditos poco comprometido con la causa. Sólo la argentina logró devolver el encantamiento y el apoyo de los ciudadanos más jóvenes, desplazando a un segundo plano la cuestión presupuestaria.

Sin embargo, la suerte parece haber cambiado. Justo al mismo tiempo en que la crisis de las bolsas mundiales producía una sensación de pánico generalizado, los diarios de Ámsterdam, La Haya y Róterdam publicaron los excesivos gastos que genera el yate real en el que se pasea la familia Orange y la increíble cantidad de viajes que realizan Máxima, Willem Alexander y Beatrix. El 17 de septiembre de 2008, el *De Telegraaf* publicó una noticia que decía que para el próximo año se destinarían cien mil euros para el mantenimiento del yate, excluyendo los sueldos de la tripulación; en total, consumiría unos trescientos mil euros anuales. Periodistas más chimenteros deslizan también que cada vez que Máxima es visitada por su familia argentina, el príncipe no tiene reparos en llevarse uno de los jets del Estado para realizar excursiones a algún país cercano con sus parientes políticos. Los Orange acumulan ya un millón de euros en horas de vuelo.

En el libro anual de los gastos del Estado de 2007, el profesor Van Dalen, de la Universidad Erasmus (Róterdam) justificó los gastos de la Casa Real: "Pueden parecer muy altos pero se compensan con ingresos substanciales y una economía que funciona bajo una monarquía constitucional. El hecho de que tengamos una monarquía le reporta a Holanda más o menos un uno por ciento extra de crecimiento por año; eso implica una ganancia anual de entre cuatro y cinco mil millones de euros". De cualquier forma, las cuentas de la reina y los príncipes estarán cada vez más controladas. A partir de 2010, el presupuesto de la familia real quedará en manos del primer ministro, que deberá examinar los recibos de la reina Beatrix, de Máxima y de su marido.

En sus épocas de empleada de Boston Securities en Buenos Aires, el sueldo de Máxima no superaba los quinientos dólares, en las épocas de un peso-un dólar. Con esa suma se las arreglaba para llegar a fin de mes; Coqui la ayudaba pagando la cuota de la universidad y del seguro médico. El resto de sus gastos —ropa, salidas, psicólogo y vacaciones— corría por su cuenta. También intentaba ahorrar el 25 por ciento de su sueldo, en pos de su sueño: planeaba irse a probar suerte a Estados Unidos cuando terminara la universidad. Algo ha cambiado desde entonces: durante 2008, varios de los medios más amarillistas se animaron a acusar a Máxima de gastar compulsivamente. "Leímos lo que salió publicado en Holanda. Realmente nos llamó la atención. Al igual que su papá, Max siempre fue muy prudente con el dinero", la defiende una prima.

Un artículo de la revista *Privé* asegura que su *huishoudboek-je* (un anotador donde las amas de casa holandesas anotan las compras del mes) es el más caro de Europa. Entre sus gastos mensuales figuran las prendas que les encarga a los diseñadores argentinos Benito Fernández, Gabriela Fiori y Graciela Naum; como también a Missoni, Oscar de la Renta y Fabienne Delvigne. De cualquier forma esa parece una crítica desmedida: Máxima adoptó un perfil que no incluye a simple vista indumentaria ostentosa o joyas brillantes. Obedece las reglas de protocolo, sus polleras se alargaron hasta debajo de las rodillas y usa mucho el naranja. Sin embargo, cuando vino de visita a la Argentina para promocionar el mecanismo de los microcréditos para los más pobres, se reunió con el ministro de Economía Martín Lousteau calzando un cardigan multicolor y largo hasta las rodillas, modelo Passiflora, que le compró a Missoni por 1.685 dólares.

Hoy ya casi no compra modelos argentinos. Le resultaban más económicos, es cierto, pero también más riesgosos. Cuando los diarios porteños publicaron que habían sido clausurados en el conurbano talleres clandestinos con trabajadores cuasi esclavos que supuestamente producían prendas para Graciela Naum[5], el nombre de Máxima se repetía en las noticias: ella era la clienta más importante de la diseñadora. Maxi decidió cortar entonces la relación con la marca: "En nombre de Su Alteza Real Princesa de los Países Bajos, es mi deber informarle que la Princesa está profundamente conmovida por las noticias aparecidas en los medios sobre las condiciones inhumanas en las que se encuentran los empleados de algunos de sus proveedores",

---

[5] Luego de aquel episodio, Graciela Naum modificó la relación con sus proveedores. Contrató al holandés Pierre Hupperts, consultor de PH Visie & Strategie, que le diseñó un programa de responsabilidad social corporativa que dio muy buenos resultados. Hoy, todos los talleres que fabrican para la marca están habilitados oficialmente y se someten a estrictos controles por parte de la firma. Graciela Naum es actualmente una de las firmas fabricantes recomendadas por las asociaciones de talleristas.

decía una carta fechada el 13 de abril de 2006, que le dictó a su secretario privado.

Además de las cuentas en ropa, también se dice que la princesa ha hecho varios regalos encubiertos, como la casa que adquirió en el country Los Pingüinos de Buenos Aires, donde sus padres suelen pasar los fines de semana, o la yegua de cinco mil dólares que le compró a su tía Marcela Cerruti para montar cuando ella viaja a Buenos Aires. Sus familiares más cercanos jamás la han visto cerca del animal... Pero no toda la parentela goza de los mismos privilegios. "Con Máxima sólo podés contar económicamente si estás en una situación muy crítica. En Holanda la controlan mucho con los gastos que hace y ella realmente es muy medida", asegura alguien de su más íntimo entorno. Y es bastante cierto: los investigadores que siguen de cerca los presupuestos reales de Holanda aseguran que la argentina es la más cuidadosa y la más prolija a la hora de manejar la partida de gastos de representación. Ella no es responsable de la cantidad de dinero que recibe la Casa Real ni pueden achacarle su sueldo, porque no lo pidió ella.

¿Cuál es, específicamente, el trabajo por el cual recibe 1.250.000 dólares anuales? ¿Qué debe hacer Máxima a cambio de semejantes ingresos? El salario lo percibe desde el 2 de febrero de 2002, el día de su boda. Es decir, le corresponde sólo por ser la princesa de Holanda. Claro que el puesto conlleva obligaciones: acompañar a su marido en presentaciones públicas y oficiales, representar al reino en ciertos eventos internacionales, respetar las estrictas reglas de protocolo y ceremonial, y criar a sus hijos como futuros reyes y príncipes de los Países Bajos. No es poco. Hay que tener un espíritu especial y un carácter fuerte pero maleable; y también mucha paciencia. Cuando aquel memorable sábado de febrero dio el sí, Máxima sabía que se estaba esposando con un hombre, con una familia y también con una nación que esperaba lo mejor de ella y que por lo tanto estaría permanentemente examinándola.

"Es un trabajo duro, a mí no me gustaría hacerlo. Máxima le pone mucho empeño y sonrisas. Aunque la reina Beatrix, el príncipe Willem Alexander y la princesa cumplen bien con sus funciones, sinceramente sospecho que eso no alcanza para cubrir los gastos que generan. La Casa Real le cuesta al Estado 113.923.000 euros por año. Parece demasiado", avisa una periodista de *De Telegraaf* que sigue a la princesa en cada paso.

Desde adolescente sabía que nunca sería una simple ama de casa, a pesar de ese deseo genético de formar una familia grande. Por eso, cuando Willem Alexander le pidió que fuera su esposa se lo dejó bien claro: "Alex, por favor no me exijas que solamente me dedique a nuestros hijos y a posar en actos oficiales. Me puedo llegar a volver loca si no hago algo con mi cabeza". El príncipe le prometió que jamás permitiría que se quede sola y aburrida en su mansión. De hecho, en Bruselas, un año antes de la boda, Alex se confesó una tarde: "Mira, me costó entenderlo, pero terminé por descubrir que este es un buen trabajo. Trabajar de príncipe puede ser bastante placentero y divertido". Máxima le repitió esa frase a algunas de sus amigas, cuando le preguntaban si estaba segura del paso que iba a dar y si era consciente de cómo cambiaría su vida a partir del 2 de febrero de 2002.

Es fácil imaginarla lejos de un tema tan terrenal como lo es el del trabajo. Los sirvientes que la ayudan en cada quehacer doméstico; las decenas de asesores de vestuario, imagen, salud, ejercicio físico, protocolo; las institutrices que colaboran en las tareas de sus hijas; los guardias reales y los agentes del Servicio Secreto que resguardan su seguridad personal... Todo eso compone la postal de su vida, tan extraña para el común de los mortales. Pero Máxima, además, trabaja. Y trabaja mucho: le dedica al reino unas nueve horas diarias, también varios fines de semana. Y eso no incluye la crianza de la futura reina y de sus hermanas, que es la responsabilidad sobre la que más le exigen sus súbditos.

Integró la Comisión para la Participación de las Mujeres pertenecientes a Minorías Étnicas (PaVEM). Forma parte del Grupo de Asesores de la Organización de Naciones Unidas para el desarrollo de Sectores Financieros Incluyentes. Trabaja en el análisis de planes de microcrédito. Preside The Prince Claus Chair, una organización que lucha contra la exclusión y la pobreza. Apadrinará un programa de integración de jóvenes inmigrantes con fracaso escolar. Y, junto a su marido, son patronos de la Fundación Orange, una de las organizaciones benéficas más importantes de los Países Bajos.

"Lo primordial es cumplir mis obligaciones constitucionales con Holanda, además de cuidar y educar óptimamente a mis hijas. Salvar el mundo quizás es demasiado ambicioso, pero con el príncipe haremos todo lo que podamos por mejorar la situación de los desfavorecidos", le aseguró Máxima a un periodista holandés. Aunque en su pasado no resalta el compromiso con los más débiles, la princesa se ha volcado de lleno a la beneficencia y a las tareas sociales. Pero intenta hacerlo desde una perspectiva distinta a la que habitualmente adhieren las mujeres de la realeza europea: busca imprimirle un toque de profesionalismo, apoyada en su carrera previa de ejecutiva y economista.

Convertirse en la futura reina de Holanda cambió su óptica de las cosas. Y todo tomó una nueva dimensión cuando nació su primera hija, la princesita Amalia. "Mi interés en la pobreza no se agrandó, pero sí lo pienso más emocionalmente. Cuando tenés hijos, sos aun más consciente del futuro y de tu responsabilidad de asegurar este futuro con seguridad, libertad, durabilidad, respeto y buenas posibilidades para desarrollarse. Tengo que admitir que ahora tengo más problemas con la injusticia y la inseguridad. A veces ni puedo escuchar ciertas historias, me llegan demasiado y me emociono", confesó Máxima a la revista holandesa *Nuestro Mundo*.

Desde el 20 de octubre de 2004 también ocupa un lugar de gran importancia en el Consejo de Estado, donde su opinión vale, y vale mucho. Quedó demostrado con el revuelo que causó su discurso en una presentación ante el Consejo Científico de Política Gubernamental. "Hace unos siete años comencé a buscar la identidad holandesa. Pero no la encontré... Holanda es tan multifacética que es imposible reducirla a un único estereotipo. El ser holandés no existe", declaró sin titubear. Como era de esperar, los sectores más nacionalistas de la sociedad se manifestaron en su contra. Sus palabras fueron calificadas como una seguidilla de "pavadas con buenas intenciones", la acusaron de no tener idea de lo que realmente sucede en Holanda y muchos políticos dijeron que el gabinete no tendría que haberle dado la aprobación para ese discurso. Incluso Michael Zonneville, director de todas las asociaciones de Orange —encargadas de realizar las fiestas por los días especiales para la Casa Real— tomó distancia de Máxima. "Es una pena y muy raro que la princesa no haya descubierto una identidad holandesa. ¿Entonces, la manera en que festejamos el día de la reina o la manera en que recordamos los muertos de la Segunda Guerra Mundial no significan nada?", se enojó, dejándola en evidencia ante su primer tropezón político. El 6 de octubre de 2007, la primera página del *De Telegraaf*, siempre bien vinculado a la Corona, tituló: "El discurso de Máxima fue un gran error". En los foros de Internet la acusaban de vivir en una jaula de oro y se lamentaban de que, al igual que su padre, ella no tenía idea de lo que significaba la palabra identidad.

Pasaron unas semanas y todo volvió a la normalidad. La gente la subió nuevamente al altar donde la colocaron apenas entró en la familia real. Ella no volvió a expresar opiniones políticas tan polémicas, pero sus actividades posteriores indican que sigue pensando lo mismo. Está claro que no intentó ofender a los holandeses; simplemente quiso señalar que se estaba construyendo una nueva nación, donde necesariamente debían integrarse las olas inmigratorias que habían modificado para siempre el mapa social de la vieja Europa.

Como mujer y extranjera, Máxima aseguró identificarse con el drama y la segregación que viven las mujeres inmigrantes en los Países Bajos. Y desde la Comisión para la Participación de las Mujeres pertenecientes a Minorías Étnicas, se ocupó de promover la inclusión de pequeñas etnias en los treinta municipios más grandes de Holanda. La tarea realizada por la princesa, junto al ex dirigente político y actual periodista estrella Paul Rosenmöller, fue todo un éxito. Y significó para ella un enorme triunfo personal.

Pero su lucha por la integración de los inmigrantes le provocaría un nuevo dolor de cabeza. En febrero de 2008, Re Lemhaouli, un sargento de la policía holandesa hijo de marroquíes, la convenció para que apadrinara un programa que él mismo había creado para ayudar a jóvenes marroquíes residentes en los Países Bajos que fracasaran en la escuela. Máxima se metió de lleno en el asunto y colaboró con el policía en todo lo que pudo; llevó incluso a su esposo, el futuro rey, para que entregara diplomas a alumnos suscriptos al programa, y posó junto a Lemhaouli y a Willem Alexander para todos los fotógrafos. Pero en septiembre de ese mismo año —un mes fatídico para la Corona— se descubrió que el sargento era en realidad un importante espía marroquí, y fue expulsado de la policía por "falta grave". Todos los diarios de Holanda ilustraron la noticia con aquella foto en la que Lemhaouli posaba sonriente junto a los príncipes.

La propuesta de las Naciones Unidas para que formara parte, en 2005, del grupo de asesores del Año Internacional de

Microcrédito sorprendió a Máxima. "Fui convocada para esta iniciativa, ¡pero me hubiese ofrecido encantada! Decidí formar parte porque creo firmemente en el efecto positivo de las microfinanzas como antídoto contra la pobreza. Es mucho mejor dar la oportunidad de que la gente se gane su propio dinero antes que darle el dinero como donación. Las microfinanzas se han desarrollado de tal manera que nos han demostrado que, brindando un producto muy necesario a las poblaciones carenciadas, también pueden ser rentables", sostenía en su rol de asesora de la ONU. Los microcréditos son préstamos muy bajos —algunos de ellos no llegan a los cincuenta dólares— destinados a personas humildes pero activas, que con ese capital inicial tienen la posibilidad de empezar un negocio propio. Para que este sistema financiero se conociera en todo el mundo, Máxima viajó a varios países subdesarrollados, como Kenia, Uganda, Brasil y Argentina. Desde los lugares más pobres, intentó concientizar a políticos y empresarios sobre la importancia de este proyecto que ella denomina "sistema autosostenible". Esta fue, justamente, la etapa más viajera de la princesa, durante la cual alternó las giras laborales con los paseos turísticos.

En su papel de asesora de la ONU, integró una comitiva del Banco Mundial para colaborar con los habitantes de Maimará, un pueblo indígena de Jujuy. Luego, en la Quebrada de Humahuaca, la gente la recibió como si se tratara de una divinidad. "Prince, te queremos", le gritaban en las calles. Un conjunto folclórico improvisó para ella una melodía a puro charango, que le recordó las guitarreadas telúricas de su infancia, encabezadas por su padre.

Máxima había recorrido esos mismos lugares un año antes, en 2004, en un viaje de incógnito junto a su marido y por motivos algo más profanos: fueron de vacaciones. En aquella oportunidad, mate y tortas fritas mediante, conversó con la gente del lugar y se informó sobre el valor de la tierra en Salta, la provincia de sus antepasados Zorreguieta. Mientras calculaba los euros que necesitaría para comprar algún campo, Willem Alexander hacía gala de su buen dominio del español, con términos recién aprendidos como "che" y "boludo". "Alex, tener algo aquí sería una excelente inversión", le comentó. Máxima se mostró interesada en el hotel La Casa de los Jazmines, que pertenece al actor Robert Duvall, pero enseguida le recomendaron que se olvidara de esa propiedad: "Bob y su mujer argentina aman este sitio, no lo venderían ni por todo el oro del mundo". Después viajó a la provincia de Jujuy, donde llevó al futuro rey a conocer Purmamarca, una pequeña aldea del siglo XVII famosa por su cerro de los Siete Colores. Se alojaron en la única suite de El Manantial del Silencio, un hotel encantador donde la recuerdan como una joven relajada, libre del acartonamiento del protocolo y muy simpática. Allí alquiló una camioneta 4 x 4, cuyo volante compartieron con Willem Alexander en el trayecto hasta Salinas Grandes, uno de los salares más importantes de la Argentina. También compró alfombras en un pueblito llamado Barrancas: "Cuando las vea en casa, me acordaré de mi país", les prometió a las tejedoras indígenas, olvidándose por un instante que era princesa de Holanda. Por la noche, se perdió en las callejuelas abrazada a su marido, sin que nadie se percatara de su presencia.

Definitivamente enamorada del Noroeste argentino, Máxima regresó a Salta y Jujuy por tercer año consecutivo en 2006, para mostrarle sus lugares preferidos a su suegra, la reina Beatrix. Se hospedaron de nuevo en El Manantial del Silencio, que esta vez cerró para ellos. Los acompañaron quince miembros del personal de la Corte, que se encargaron de asistirlas en todo momento. Cierta tarde, una de las damas de compañía reservó en la tienda del hotel una capa de piel de llama. Más tarde, sin saber que la capa ya estaba vendida, la vio la reina y la dejó pagada. Un empleado del hotel corrió a contarle el problema a Máxima, que arbitró en la cuestión: "No importa quién la haya visto primero, si a la reina le gustó, le pertenece". Sabía perfectamente de lo que hablaba. Ella misma había vivido en carne propia una situación similar durante uno de los primeros viajes compartidos con su suegra, cuando todavía era una plebeya. Pero Beatrix ya no era tan caprichosa: cuando Máxima le contó lo sucedido, la soberana le pidió a su hijo que la acompañara a la ciudad a comprar otra capa para su asistente.

"Máxima, el príncipe y la reina se movían casi como una familia normal —señaló un botones del hotel—, a no ser por el hospital portátil que tiene Beatrix. Era una valija plateada, la más pesada que levanté en mi vida, que contenía bolsas de sangre, suero, agujas, oxígeno y todo lo necesario para asistirla en caso de alguna emergencia." La soberana viaja con su propio médico, claro. Pero su nuera es quien mejor comprende sus mañas de vieja; escucharla hablar de su cansancio y de sus mareos es otro de sus trabajos.

# Capítulo 15
## La revancha de Súper Mamá

"Sí, estoy embarazada, un shock. Pero estamos felicísimos. Es uno solo (para los que leyeron que me hice un tratamiento y espero mellizos) y no nos hicimos tratamiento. No saben lo que me tuve que comer la lengua para no contarles. A la flia., agregamos un Zorreguieta-Cerruti más!!!! No lo carguen, siempre va a ser un bicho de otro pozo que no va a cazar ni una!!!! Espero que no se venga con aires de principito/a… lo estrolo contra la pared", decía el e-mail en el que Máxima le comunicaba a su familia argentina la novedad.

Recién cumplidas las doce semanas de embarazo, desde Villa Eikenhorst, en las afueras de La Haya, a través del canal estatal Nederland 1, los príncipes dieron la noticia públicamente. "Estoy muy feliz, no puedo creerlo. No sé cómo será, voy a esperar a ver qué pasa. Ya he escuchado de todo, pero es diferente cuando le pasa a una. Creo que simplemente me dejaré sorprender. Por el momento, seguiré trabajando, igual que las mujeres normales", confesaba emocionada la princesa, mientras su marido la miraba extasiado. "No sé qué tengo que imaginarme. Mi hermano, que tiene una niña, me dijo que la vida cambia de verdad cuando uno es padre. En los próximos meses voy a darme cuenta. No lo vivimos como una tarea de crear un heredero al trono, sino de darle felicidad a nuestra familia. Mi madre casi baila cuando se enteró", explicó Willem Alexander. Y, como si hubiera dudas sobre sus capacidades como padre, agregó: "Me haré cargo de las necesidades del bebé". Máxima lo miró sorprendida y le contestó: "¡Más te vale!". Ese es el tipo de salidas de la princesa que encantan a los holandeses.

El embarazo acrecentó su popularidad. Apenas enterados, sus fans comenzaron a acercarse diariamente al palacio para llevarle obsequios al bebé que nacería en siete meses: osos de peluche, mamaderas, coronas de juguete y vestiditos invernales. Los comerciantes celebraban la noticia que les representaría un excelente negocio: miles y miles de souvenirs con la carita regordeta del nuevo bebé real.

Sería el segundo en la línea de sucesión al trono holandés y se lo educaría según los preceptos y las leyes protestantes. "Nos da igual si es varón o mujer", aseguraban con aire despreocupado los Orange-Nassau. Aunque para la historia de la monarquía holandesa el sexo del heredero es todo un tema. Desde 1890, los últimos jefes de Estado han sido todas mujeres: Emma, Guillermina, Juliana y Beatrix. Willem Alexander romperá esa tradición, y en la familia casi todos esperaban que un varoncito viniera a equilibrar un poco más la balanza.

El príncipe y la reina no podían ocultar su felicidad por el embarazo. Ya estaba casi todo predeterminado: dónde nacería, qué nombres llevaría, quiénes serían los padrinos… Máxima sólo debía concentrarse en disfrutar de su panza y cuidarla como si fuera oro; allí adentro, al fin y al cabo, llevaba un futuro rey. No tenía demasiado poder de decisión sobre el porvenir del bebé, por más que fuera la madre: así quedó establecido en el contrato prematrimonial que firmó antes de casarse. En algún momento pensó en la posibilidad de parir en su casa, como lo hacían muchas holandesas. Cuando les comentó la idea a sus amigas porteñas, la tildaron de hippie, y Willem Alexander fue terminante: "Me parece un riesgo innecesario". Finalmente desistió y optó por el Bronovo, un hospital estatal de La Haya. Sí pudo elegir una *doula* para que la asistiera a lo largo del embarazo y a la hora de entrar al hospital.

La primera ecografía reveló que en su vientre llevaba una niña. Holanda ya sabía entonces que, luego del paréntesis masculino que representaba Willem Alexander, regresarían al trono las mujeres. El príncipe no había demostrado ninguna preferencia en cuanto al sexo de su primogénito; simplemente estaba muy emocionado con la idea de ser papá. Una vez al mes, escuchaba las indicaciones de la obstetra, Jana Smeets, que le recomendaba a Máxima que se cuidara con las comidas para evitar una posible hipertensión. Fue entonces cuando suprimió de su dieta las tostadas con dulce de leche y prohibió las tortas en su residencia. Pero ya era tarde. Las últimas nueve semanas de embarazo no pudo levantarse de la cama; su presión andaba por el techo y podía desencadenar un parto prematuro.

Quince días antes de la fecha probable de parto, aparecieron las primeras contracciones. Sentía que el útero iba a estallarle; era mucho más doloroso de lo que había imaginado. Rompió bolsa en la habitación de su hija por venir, clara señal de que ya era hora. Junto a su marido, se instaló en la sala de preparto del hospital. María Pame, que había viajado para acompañarla, se encargó de acondicionar la habitación con algunas fotos familiares y unas estampitas de San Ramón Nonato y de la Virgen de la Dulce Espera, enviadas por una tía de Pergamino. Ocho horas después, y sin anestesia, nacía la futura reina de Holanda.

Para Máxima, fue el momento de mayor felicidad de su vida. También lo sintió, es verdad, con cierto aire revanchista. La presión para que le diera a Holanda un heredero más al trono había sido insoportable. Pocos meses antes de casarse, debió someterse a rigurosos exámenes médicos ordenados por la Casa Real para descartar que fuera estéril. Luego, apenas después de la boda, algunos medios amarillistas lanzaron el rumor de que no podía quedar embarazada y que estaba haciéndose un tratamiento de fertilización. A las pocas semanas de gestación, la sometieron a una nueva parva de estudios: urgía saber si el embrión era sano. Por eso, haberle dado a Holanda una reina, que gozara de salud y fortaleza, fue para ella otro enorme triunfo personal.

El día del nacimiento de Amalia se declaró feriado nacional. Una formación militar montada le dio la bienvenida disparando 101 cañonazos en las ciudades de La Haya y Den Heldern, en Aruba y en las Antillas holandesas; según la costumbre que se remonta a 1818, los primogénitos reales varones son recibidos con 101 salvas y las mujeres sólo con cinco, pero esta tradición se modificó para que la princesita no se sintiera discriminada. En todo el país repicaron miles de campanas y millones de holandeses con remeras y banderas naranjas se congregaron en las plazas de cada pueblo y de cada ciudad para saludar, a través de la televisión, a los flamantes padres y a la beba. Los holandeses más dicharacheros brindaron con Op Oranje, una bebida amarga que sólo se bebe para festejar el nacimiento de un heredero al trono. Una marca de productos para niños regaló packs de pañales a todos los bebés flamencos nacidos el mismo día que la princesa. Una fábrica de comidas obsequió sus viandas infantiles.

La organización de la ceremonia tuvo en vela a cientos de personas durante varios días, pero la homenajeada ni se enteró.

"El 7 de diciembre de 2003 decidí que ya me había llegado el momento de ver la plena luz del día y fui bien recibida por mis sumamente felices padres y un par de dulces mujeres con abrigos blancos. Algo más de cuatro horas después, pude mirar junto a mi padre a los ojos oscuros de las cámaras, para familiarizarme con el resto de los Países Bajos. No obstante, cinco días más tarde, llevando unas ropas de un tatarabuelo de un país muy lejano, tuve la oportunidad de sonreír junto a mis padres y abuelas. Desde aquel momento he sido capaz de disfrutar mis primeros momentos de vida sumida en la maravillosa paz que rodea Villa Eikenhorst. 'En paz...' considerando las circunstancias, desde luego. En Navidad y Año Nuevo se juntaron un montón de amigos y queridos familiares de mis padres que vinieron a verme. Aparte de eso, mis padres seguían quedando alucinados ante la masiva llegada de preciosas flores, tiernas cartas y dibujos, hermosos regalos y reconfortantes deseos en innumerables registros de felicitación, a causa de mi nacimiento. Cuando oí que incluso estaban llegando más felicitaciones que cuando se casaron mis padres, esto me hizo sentirme, en secreto, bastante orgullosa de ello."

La princesita no había cumplido un mes de vida cuando mandó esta carta, presentándose ante su pueblo. En realidad, claro, el texto no lo escribió ella, sino Alex y Max, en colaboración. Iba firmado con el nombre completo: Catharina-Amalia Beatrix Carmen Victoria.

La tradición indicaba que debía portar los nombres de las mujeres más importantes de la familia real. Catharina Amalia de Solms Laubach fue la esposa del príncipe Federico Enrique (1584-1647); Beatrix, la abuela paterna y reina de los Países Bajos; Carmen, en cambio, honraba a la madre y a la abuela de la princesa. ¿Y Victoria? Máxima lo explicó en la primera conferencia de prensa post parto: "Victoria nos pareció un buen nombre para el cierre".

Esa conferencia se realizó sólo dos días después de que la princesa diera a luz. Le habían dado ya el alta médica pero una mastitis aguda le sacaba la poca energía que le quedaba. No había calmante ni masaje que pudiera aliviar su dolor. Pero tampoco había excusas para quedarse en la cama, junto a su beba, como una parturienta cualquiera. El canal de televisión Nederland 2 emitiría por la noche un programa especial sobre el nacimiento de la niña, "Para Amalia", y ella no podía faltar: tenía que mostrar su orgullo por la saludable beba y por el trabajo realizado. El pueblo quería verla recién parida, y ahí la tenía... desplomada sobre un sillón mientras aguardaba el vértigo del aire televisivo. Máxima sostenía en su regazo a la princesita. "Luego de pasar un periodo difícil durante el embarazo, estamos tremendamente agradecidos y contentos de que todo haya salido tan bien. Amalia es una beba muy sana y poco llorona. Sólo llora cuando tiene hambre. Y, eso sí, cuando quiere comer, quiere comer mucho", confesó sonriente. Su famosa sonrisa se veía más cansada que nunca.

Máxima sólo quería terminar con el trámite e irse a su mansión, a descansar y a disfrutar en la intimidad de su familia acrecentada. Su esposo la hizo reír al apagarse las cámaras, cuando le contó que un senador belga llamado Vincent Van Quickenborne había propuesto derogar una ley de 1830 que prohíbe las bodas entre miembros de la casa real belga con miembros de la casa real holandesa. Es que el país vecino ya tenía un candidato para Amalia: el hijo del príncipe heredero Felipe y de su mujer Matilde, de apenas dieciséis semanas.

—No te preocupes —bromeó Willem Alexander—, no creo que el proyecto prospere.

La pequeña Amalia fue bautizada en Saint Jacob, a los siete meses, por el rito de la Iglesia Reformista Holandesa. El pastor la bendijo y la protegió del pecado con un chorro de agua del río de Jordania. Allí cerca, a unos diez metros, un hombre lloraba de felicidad; se estaba poniendo más viejo: había llorado pocas veces a lo largo de su vida, pero durante los últimos cinco años no había podido evitar llorar a cada rato. Era Jorge Zorreguieta, que había sido "indultado" y pudo asistir por fin a un evento oficial de los Orange. Luego de la emoción que provocaron en toda Holanda los acordes de "Adiós, Nonino", su tango preferido, mientras la TV mostraba la tristeza inconmensurable de su hija, los más importantes políticos del país consideraron que no hacía falta seguir castigando a esa muchacha que ahora era su princesa. Buscaron entonces una salida elegante a la situación: el

Parlamento anunció que no tendría inconvenientes en que Zorreguieta concurriera al bautismo, ya que lo consideraba una "celebración privada".

A dicha celebración asistieron mil doscientos invitados, entre amigos, familiares, representantes de una decena de casas reales, delegaciones del gobierno, parlamentarios, representantes de los estados generales, funcionarios provinciales, el alcalde de La Haya, y los médicos y enfermeras del Hospital Bronovo. Los padrinos fueron la princesa Victoria de Suecia, Samantha Dean de van Welderen, el príncipe Constantijn y Martín Zorreguieta. Una vez finalizado el bautismo, la familia Orange compartió un almuerzo con los invitados. Pero, allí, en la puerta del palacio, los sorprendió un grupo de activistas por los derechos humanos para quejarse por la presencia del ex funcionario del general Videla. Máxima se enojó muchísimo con la seguridad, que no quiso sacar a los manifestantes de ese espacio público. "¿Alguna vez se van a terminar estas tontas protestas contra mi padre?", preguntó. Coqui, en cambio, no se preocupó demasiado. Estaba feliz de estar donde estaba y se dedicó a desplegar su reconocido poder de seducción. Conversó con varios nobles de Europa, llamándolos a cada uno por su nombre y sin confundirse nunca los rostros. Demostró estar al tanto de todo lo que sucedía en el Viejo Continente y hasta se animó a hablar de política. Le explicó a la reina que la Argentina, por fin, estaba saliendo de su larga crisis, y le habló maravillas del presidente Néstor Kirchner, para sorpresa de Beatrix. Zorreguieta ya había comenzado en Buenos Aires una estrategia de acercamiento con el nuevo gobierno nacional, aprovechando la puerta que le abría el ser padre de la princesa de Holanda y repartiendo sus tarjetas personales como titular del poderoso Centro Azucarero Argentino.

El nacimiento de Amalia fortaleció aun más la relación entre Máxima y la reina. El estilo desacartonado y afectuoso con que la argentina cría a su hija, aunque inédito en los palacios, encanta a la abue Trix. La princesa hacía esfuerzos cotidianos para que su hija viviera lo más normalmente posible. Y consultaba mucho a su suegra: no tanto en cuestiones prácticas, en las cuales la reina no era tan ducha, sino en temas que tuvieran que ver con la realeza. ¿Cuándo es conveniente explicarle a Amalia que algún día va a ser la reina de Holanda? ¿Cómo hacer para que no sienta tanta presión por eso? ¿Cómo educarla para que no se crea una privilegiada? Beatrix le decía que tendría mucho tiempo para encontrar las respuestas a sus dudas, y le relataba anécdotas de la infancia de sus propios hijos, a modo de ejemplo. Le contó que Willem Alexander jugaba a los reyes y caballeros antes de saber que algún día él mismo sería soberano de Holanda. Le explicó que tampoco podía mantener a la niña en una burbuja de ficciones, porque realmente la pequeña viviría una vida de presiones y privilegios. "El equilibrio es siempre difícil. Pero seguro que sintiéndose amada, los límites que le impongas no serán más que las reglas de un juego", le explicaba la soberana.

Cuando la princesita cumplió tres meses, María Pame regresó a Buenos Aires. Su hija menor, Inés, la necesitaba cerca: había iniciado un duro tratamiento para reponerse de una compleja enfermedad. Máxima se aferró entonces a Beatrix, como si fuera una segunda madre. Pasaban mucho tiempo juntas: vacaciones y tardes enteras en las que a la reina no le importó postergar sus obligaciones para visitar a su nieta en Wassenaar.

El príncipe adoptó el estilo de crianza de Máxima sin poner reparos. Aunque es mucho más permisivo que ella. No obliga a sus hijas a recoger los juguetes cuando termina la hora de esparcimiento, no fija horarios para la TV y, cuando su mamá no está, las deja comer el poste aún sin haber terminado la comida. Pero Willem Alexander demostró ser un buen padre, cariñoso y dedicado; hasta renunció a sus largas sesiones de Playstation para destinarle más horas a su heredera.

Máxima se sentía fascinada con la familia que en poco tiempo había formado. Ya tenía treinta y cuatro años y no quería esperar mucho más para lograr un nuevo embarazo. Sin un plazo determinado, la pareja comenzó a buscar otro hijo, y cuando Amalia sólo tenía un año y medio debió "escribir" una nueva carta al pueblo holandés: "Estoy muy contenta de poder anunciar que espero un hermanito o una hermanita para mediados de julio. Mis padres están muy felices y agradecidos".

Fue exactamente el 26 de junio de 2005 cuando llegó al mundo Alexia Juliana Marcela Laurentien. La elección de cada nombre, otra vez, hacía honor a miembros de ambas familias. Alexia fue la derivación del Alexander del príncipe; Juliana recordaba a la madre de Beatrix, que fuera reina de los Países Bajos entre 1948 y 1980; Laurentien había sido elegido como distinción para la esposa de Constantijn. Entre tantos personajes reales, el Marcela quedó bastante descolgado, pero la elección conmovió a la tía preferida de Máxima. Tercera en la línea de sucesión a la Corona, Alexia no fue recibida con tanta pompa como su hermanita mayor. Al bautismo concurrieron quinientos invitados; las madrinas fueron la princesa Matilde de Bélgica y doña Alexandra Jankovich de Jeszenice, y los padrinos fueron sus tíos, el príncipe Friso de Orange-Nassau y Juan Zorreguieta.

Tan sólo siete meses después de su segundo parto, Máxima volvió a quedar embarazada, casi en simultáneo con Letizia de Asturias y Mary de Dinamarca. Las panzas estaban de moda en la realeza europea, pero, según las encuestas, Máxima era la preferida de las princesas del Viejo Continente. El 10 de abril de 2007, Ariane Guillermina Máxima Inez lloró por primera vez en brazos de su madre, que no paraba de besarla y de repetir que era igualita a Amalia, aunque más gordita: 4,100 kilogramos. Esta vez, la cuarta en la línea de sucesión honraba a la bisabuela del príncipe, que con sólo diez años de edad debió asumir el reinado tras la muerte de su padre el rey Guillermo III, aunque su madre ejerció la regencia hasta que ella cumplió dieciocho años; la pobre Guillermina fue a casarse después con Hendrik, duque de Mecklenburg-Schwerin, un hombre mujeriego y alcohólico que habría tenido varios hijos extramatrimoniales. El último de los nombres de la recién nacida, Inez, cobraba forma de saludo solidario a la tía que se recuperaba en Buenos Aires.

Doce horas después del parto, Máxima regresó a Villa Eikenhorst. Amalia, que jugaba con una muñeca que su abuelo Coqui le había traído de la Argentina, salió disparando hacia la puerta para chequear que su madre traía una beba en brazos.

Alexia, en cambio, lloraba desquiciada en brazos de su niñera holandesa: su corto reinado había terminado.

Es difícil —y Máxima es plenamente consciente— educar a tres hijas en igualdad de condiciones cuando sólo la mayor será reina. No alcanza con vestir a las tres de forma idéntica. Y está claro que Amalia deberá ser preparada para ejercer el trono, mientras sus hermanas estarán a la expectativa, en un segundo plano que no necesariamente es desventajoso. La madre no quiere equivocarse: sabe que su misión es bien arriesgada. Su propio esposo le cuenta que sufrió mucho durante la infancia y la adolescencia, que no se acostumbraba nunca a ser el príncipe heredero y que la presión le hizo cometer muchos errores. Máxima también suele conversar el tema con la reina, con su tía Marcela, con Coqui y con su psicóloga en Buenos Aires. La tensión entre el deseo de una infancia normal y los compromisos oficiales que ya empiezan a incomodar a la pequeña Amalia debía ser manejada por los padres con una sutileza que no enseña ningún manual de autoayuda.

Con el nacimiento de Ariane, algunas cosas cambiaron en la mansión de los Orange. A partir de entonces, Máxima decidió que los fines de semana estarían sin servicio doméstico; apenas una mucama a la mañana del domingo para que hiciera las camas y repasara las habitaciones. El resto del tiempo, los príncipes y sus hijas permanecen en la intimidad familiar. Máxima cocina, a veces ayudada por Willem Alexander; las niñas juegan a colaborar con los quehaceres domésticos. A veces llega de invitada la reina. Al principio no se acostumbraba a esa falta de asistencia en una casona tan grande. Pero luego comprendió que así se generaban momentos de fuerte unidad familiar.

En pos de esa búsqueda de "normalidad", la princesa debió incluso inmiscuirse más de lo recomendado con la primera maestra de Amalia. El inicio de la vida académica de la princesita sería al día siguiente la tapa de todos los diarios y revistas del país. La escuela Bloemcamp había agotado sus vacantes para el 2007 en tiempo récord; todos querían mandar a sus hijos al mismo establecimiento al que iba la heredera del trono. Su página web fue la más visitada entre todas las instituciones educativas holandesas; incluso antes de que la princesita comenzara su año escolar, cientos de holandeses dejaron allí efusivos recibimientos para Amalia. Ans Sikiric van Keulen, encargada del 1° B del Grupo 1 del kinder de Bloemcamp, estaba fascinada con enseñarle las primeras letras a una futura reina. "Es todo un honor para mí tenerla de alumna", le dijo a la televisión.

Máxima escuchó esa declaración de la maestra y luego, en un aparte y con su sonrisa franca, le pidió que no hiciera ningún tipo de excepción con su hija. La señorita Keulen se sacó su campera de jean gastado, tal vez un poco acalorada, y la tranquilizó: "Una vez que se vayan las cámaras, ella será una niña más y este será un día como otro cualquiera". Willem Alexander, mientras tanto, ayudaba a la pequeña a colocar su abrigo en el perchero y a guardar la mochila, ilustrada con la princesa Blancanieves, en la casilla donde figuraba su nombre. Amalia estaba nerviosa, pero muy contenta. Se colgó del cuello de su madre para darle un beso de despedida y entró con el resto de los compañeritos al aula, donde las sillas habían sido colocadas en círculo. Máxima estaba aun más nerviosa que su hija, y le pidió a Alex que se quedaran un rato en el patio de la escuela, por si la princesita la necesitaba. Charló allí con otras madres, que parecían más acostumbradas a esa rigurosidad holandesa. Y cuando salió llamó desde su celular a Florencia Di Cocco, que es dueña del jardín de infantes Nightingale, en Buenos Aires. "Boluda, me costó un montón dejarla. Nada que ver con cómo funcionan estas cosas en la Argentina. Allá los chicos hacen la adaptación con los padres, ¿no? Acá nada, ¡la dejé y te sacan del aula!", le contó Máxima, rogando por algo de argentinismo. Pero su amiga le explicó que así era en Europa, y funciona. "Yo creo que al final ese método es mejor. Acá, en mi jardín, a veces los padres se quedan dos semanas en el aula. No es que los chicos no quieran quedarse, son los padres los que no quieren irse." Máxima tiene el espíritu de una madraza criolla. Sin embargo, confió en la opinión de su gran amiga; respiró entonces aliviada.

Los príncipes apostaron por la escuela pública para que la princesita viviera la pluralidad de la sociedad holandesa. Aunque, claro, la Bloemcamp tampoco se parece a una escuelita estatal del conurbano bonaerense... Al estar insertada en Wassenaar, una zona muy exclusiva, la mayoría de sus compañeritos son de clase alta. Este tipo de instituciones son llamadas "escuelas blancas", por estar integradas en su gran mayoría por niños holandeses. Pero también albergan a algunos hijos de refugiados políticos, de inmigrantes y de familias más humildes. Las escuelas "negras", en cambio, son aquellas de los barrios marginales de Ámsterdam, Utrecht, La Haya y

Rótterdam. Allí, el setenta por ciento del alumnado pertenece a una segunda o tercera generación de inmigrantes y no habla fluidamente la lengua local.

Aunque en el jardín de infantes y cuando está en público la princesita Catharina-Amalia usa el holandés, también sabe inglés y maneja perfectamente el español. "Le gustan los idiomas como a mí", se enorgullece la mamá. Claro que esta condición políglota no es aprobada por los sectores más nacionalistas, que siguen desconfiando un poco de tener cerca del trono a esa princesa extranjera. Máxima suele repetir, para calmarlos: "Soy una holandesa que nació en la Argentina". Pero en 2007 no pudo evitar la polémica, cuando un programa de televisión mostró cómo Máxima hablaba en español con Amalia. Se trataba de una filmación casera, tal vez registrada por el propio príncipe Willem Alexander; un polista argentino había robado la cámara de Máxima durante un partido, y presumiblemente vendió esa grabación a un periodista. La imagen, más bien el audio, fue tema de debate durante varios días e indignó a muchos holandeses que descubrieron a su pequeña futura reina hablando en otro idioma.

La princesa recibió el respaldo de su marido y de Beatrix. "Es una tontería", opinó Willem Alexander. "Es bueno que sepan idiomas, siempre y cuando el holandés sea su lengua madre", dijo la soberana. Obediente, Máxima toma precauciones para que el español se use sólo en la intimidad del hogar. También se preocupa para que las niñas respeten a rajatabla cada una de las reglas de la realeza. La futura reina es la más obediente. No hay demasiados motivos para lidiar con ella: "Es una verdadera princesa", asegura Máxima. En cambio, avisa, "Alexia tiene una personalidad más latina porque cuando llora, llora de verdad y, cuando ríe, lo hace con todas las ganas".

Aunque intente esconder sus raíces, la sangre tira. Por más que no quiera contradecir ni hacer enojar a nadie, le gusta que las pequeñas de la familia Orange estén en contacto permanente con la cultura y las costumbres argentinas, y aprendan a la perfección el idioma que les permita comunicarse con sus abuelos y con sus tíos. Por eso una de sus niñeras es argentina, amiga de la abuela materna.

De hecho, cuando llegan de visita "Mamina" y "Toti", como las chicas llaman a María Pame y a Coqui, hablan sobre todo en español. Cada vez que los abuelos argentinos los visitan en La Haya, la mansión se convierte en una fiesta. Las niñas disfrutan mucho con los Zorreguieta, que las malcrían. Desparraman los juguetes que los abue les traen de regalo, juegan con "Mamina" revolcándose por el piso, y comparten travesías a bordo de triciclos y bicicletas por los jardines, acompañadas por "Toti". En las últimas visitas Máxima se preocupó un poco porque notó que su padre se cansaba rápido de las travesuras de las niñas. "Papá, cuidate, no te esfuerces demasiado", le ruega. En el invierno de 2007, Coqui tuvo un accidente esquiando en Bariloche. Nunca pudo recuperarse completamente: lo operaron de las dos rodillas, pero las intervenciones no han sido demasiado exitosas y ahora le cuesta caminar. Luego de la cena, Willem Alexander logra convencer a su esposa para que las deje quedarse despiertas un poco más de lo acostumbrado y "disfruten de sus abuelos". Luego del beso de rigor, hasta suelen pasarse a escondidas a la habitación de Coqui y María Pame, mientras Máxima intenta dormir a Ariane.

Las hermanitas todavía no tienen conciencia del lugar que ocupan y —por ahora— son dóciles, amables, comparten sus juguetes y son respetuosas. A Máxima siempre le toca ser la ley y el orden. Si se ponen caprichosas, Alex no tiene reparos en consentirlas, actitud que causa discusiones eternas en la pareja. Cuando viajan solos, el príncipe se encarga personalmente de llenar una valija de juguetes y regalos para sus pequeñas.

Amalia, Alexia y Ariane son las niñas más famosas de su nación y adonde vayan siempre las seguirá un séquito de asistentes y guardaespaldas. Cada uno de ellos está entrenado para alejar —por cualquier medio— a curiosos y periodistas. Sobre todo en la Argentina, donde han vivido varias situaciones incómodas, en algunas ocasiones suavizadas gracias a la mismísima Máxima, que ha pedido las pertinentes disculpas por los exabruptos cometidos por parte de sus empleados.

Una vez, en Bariloche, uno de sus custodios sacudió a una fotógrafa que insistía en ingresar a la Clínica San Carlos, donde los príncipes habían trasladado a su hija Amalia para que la revisaran por una prolongada fiebre. Máxima, a sabiendas de que incluso esa tontería podía ser noticia si la veían ingresar a la clínica, optó por el bajo perfil. Desde la casona que alquilaban en el exclusivo country Cumelén, en Villa La Angostura, donde vacacionaban en familia con las niñas y la reina, llamó al padre de una amiga oriunda de Bariloche, y le preguntó adónde podía llevar a su hija afiebrada. "Vení para Bariloche, para la Clínica San Carlos. Ya lo llamo al doctor Caride. Preguntá por él, te va a estar esperando", le dijo. Una hora después, en una 4 x 4 de vidrios polarizados conducida por el príncipe, Máxima entró a la clínica con su hijita a upa.

—Busco al doctor Caride —le dijo a la recepcionista.

—El doctor está ocupado —le avisó la empleada, que no la reconoció.

—Dígale por favor que llegó Máxima —respondió la princesa, sin revelarle su identidad a la despistada recepcionista, que siguió llenando sus planillas.

Máxima, Willem Alexander y la afiebrada Amalia, es decir, el poder real del futuro de Holanda, se sentaron en la sala de espera, con vista al lago Nahuel Huapi, a aguardar que los atendieran. Allí los vio una enfermera de la clínica. Disimuladamente se acercó a la recepcionista, y le avisó.

—¡Che, esa es Máxima!

—Sí, me dijo que se llamaba Máxima. ¿Qué Máxima?

—¡Máxima Zorreguieta! ¡La princesa!

La recepcionista volvió a mirarla. Y por fin la reconoció. Entonces se apuró a llamar a Caride, que estaba con una emergencia. Le contó que estaba la princesa de Holanda esperándolo. Caride le pidió que la hiciera pasar con otro médico, que finalmente revisó a la pequeña Amalia y le recetó un poco de Ibupirac.

A pesar del bajísimo perfil, cuando quisieron salir de la Clínica San Carlos se encontraron con una decena de fotógrafos y periodistas que habían sido advertidos por alguien de que allí estaba la argentina más famosa del mundo.

A Máxima, muchas veces, tanta exposición la cansa. Suele decir que cada vez le resulta más difícil vacacionar en su país, porque no la dejan tranquila. En la Argentina, además, le da miedo la inseguridad. El fantasma de un posible secuestro la aterra. En marzo de 2006, conmovida por el rapto y asesinato del joven estudiante Axel Blumberg, Máxima pidió que invitaran a su padre, Juan Carlos Blumberg, a la gala que realizó la reina Beatrix en el Teatro Colón en homenaje a Néstor Kirchner, a pesar de que Blumberg se había convertido en un dolor de cabeza y en un importante opositor del presidente.

En Buenos Aires, las princesitas salen lo justo y necesario. Jamás podrán corretear por la plaza Las Heras como lo hacía su madre cuando era una niña, ni visitar el zoológico o el planetario. Van del Alvear Palace Hotel, donde suelen alojarse, al departamento de los abuelos en Barrio Norte o a la casa de Los Pingüinos, regalo de Máxima para sus padres. Los Pingüinos es un exclusivo country, el preferido de los empresarios que gustan del bajo perfil, cuyos dueños, los Braun Seeber, son íntimos de los Zorreguieta. Si quiere hacer shopping, Máxima llama a La Follie, su marca preferida. Desde el negocio le llevan las nuevas colecciones a la suite presidencial del lujoso hotel de Recoleta. Allí elige los modelitos para sus "gordas".

No puede evitarlo… cuando vuelve a la mansión de Waasennar, la princesa recupera la tranquilidad y se siente feliz. A veces le da un poco de culpa, como si fuera una traición no estar ya tan a gusto en su patria de origen. En Holanda, a pesar de ser royalties, los Orange tratan de parecer una típica familia holandesa. Máxima disfruta de espectáculos callejeros y también de desfiles militares. Escoltada por agentes de seguridad, sale a caminar con sus tres hijas por el centro comercial, casi como una madre más.

Sin embargo, se sigue sintiendo bien argentina. Por más mujer de mundo que sea, sabe que la pampa ha tenido una fuerte influencia para transformarla en la mujer que es, algo más complicado de definir que esa fórmula facilista que suele usar ante la prensa: "Una holandesa nacida en la Argentina".

Después de todo, cada cosa y cada hecho ha dejado una marca y ha producido un efecto en su extraña vida, que la llevó de Barrio Norte a la Corona de los Países Bajos, de Northlands a Nederlands. El dulce de leche que comía a escondidas bajo la cama. Los cuentos de la abuela Carmenza. Los juegos en el charco de barro junto a sus primos en casa de la tía Tatila. El primer día de escuela, de la mano de su padre funcionario. Aquel gol gritado en la final del Mundial 78 sin saber bien qué significaba. El miedo por aquella bomba en la casa de los Lambruschini que mató a una niña que ella habrá cruzado en algún evento oficial. Los desafíos de naipes hasta la madrugada en la casita de troncos de Villa Catedral. Las guitarreadas de Coqui con el coro de los niños Zorreguieta. Los nervios del primer beso. El temor a ser descubierta con el primer cigarrillo. Las discusiones por su peso con María Pame. Los partidos de volley de los intercolegiales. Las cabalgatas en el campo donde trabajaba el tío Bochín. Las primeras vacaciones con amigas en Camboriú. Las trasnochadas hasta la salida del sol en Punta del Este. Su primer día de trabajo en Boston Securities. Su graduación universitaria. Y su partida... Su partida hacia Nueva York, hacia sus sueños, hacia su príncipe naranja.

Colaboraron en la investigación de este libro: HT Contenidos, Marjan Groothius, María Fernanda Villosio, Teresa Buscaglia, Ariel Duer, Leonardo Nicosia, Andrés Civetta. Agradecemos la generosidad de Darío Gallo, y la paciencia de Diego y Clarita.

Esta edición de 9.000 ejemplares
se terminó de imprimir en Primera Clase Impresores S.H.,
California 1231, Buenos Aires,
en el mes de marzo de 2009.